BROQUÉIS
FARÓIS
ÚLTIMOS SONETOS

COLEÇÃO A OBRA-PRIMA DE CADA AUTOR

BROQUÉIS
FARÓIS
ÚLTIMOS SONETOS
Cruz e Sousa

2ª Edição

© *Copyright* desta edição: Editora Martin Claret Ltda., 2014.

Direção	Martin Claret
Produção editorial	Carolina Marani Lima Flávia P. Silva
Diagramação	Giovana Gatti Leonardo
Direção de arte e capa	José Duarte T. de Castro
Ilustração de capa	Natali Zakharova / Shutterstock
Revisão	Rinaldo Milesi
Impressão e acabamento	Eskenazi Gráfica

Este livro segue o novo Acordo Ortográfico da Língua Portuguesa.

Dados Internacionais de Catalogação na Publicação (CIP)
(Câmara Brasileira do Livro, SP, Brasil)

Souza, Cruz e, 1861-1898.
 Broquéis faróis últimos sonetos / Cruz e Sousa. --- 2. ed. -- São
Paulo: Martin Claret, 2014.
 (Coleção a obra-prima de cada autor; 91).

"Texto integral"

ISBN 978-85-440-0005-2

1. Poesia brasileira I. Título. II. Série.

14-02627   CDD-869.91

Índices para catálogo sistemático:

1. Poesia: Literatura brasileira   869.91

EDITORA MARTIN CLARET LTDA.
Rua Alegrete, 62 – Bairro Sumaré
01254-010 – São Paulo, SP
Tel.: (11) 3672-8144
www.martinclaret.com.br
2ª reimpressão –2019

Sumário

Prefácio 11

Broquéis

Antífona 21
Siderações 23
Lésbia 24
Múmia 25
Em sonhos... 26
Lubricidade 27
Monja 28
Cristo de bronze 29
Clamando... 30
Braços 31
Regina Coeli 32
Sonho branco 34
Canção da formosura 35
Torre de ouro 36
Carnal e místico 37
A dor 38
Encarnação 39
Sonhador 40
Noiva da agonia 41
Lua 42
Satã 44
Beleza morta 45
Afra 46
Primeira comunhão 47
Judia 48
Velhas tristezas 49
Visão da morte 50
Deusa serena 51

Tulipa real 52
Aparição 53
Vesperal 54
Dança do ventre 55
Foederis arca 56
Tuberculosa 57
Flor do mar 59
Dilacerações 60
Regenerada 61
Sentimentos carnais 62
Cristais 63
Sinfonias do ocaso 64
Rebelado 65
Música misteriosa 66
Serpente de cabelos 67
Post mortem 68
Alda 69
Acrobata da dor 70
Ângelus... 71
Lembranças apagadas 73
Supremo desejo 74
Sonata 75
Majestade caída 76
Incensos 77
Luz dolorosa... 78
Tortura eterna 79

FARÓIS

Recolta de estrelas 83
Recorda 87
Canção do bêbedo 90
A flor do diabo 92
As estrelas 95
Pandemonium 96
Envelhecer 100
Flores da Lua 103
Tédio 104

Lírio astral 108
Sem esperança 112
Caveira 113
Réquiem do sol 114
Esquecimento 115
Violões que choram... 120
Olhos do sonho 125
Enclausurada 127
Música da morte... 128
Monja negra 129
Inexorável 133
Réquiem 135
Visão 137
Pressago 138
Ressurreição 141
Enlevo 145
Piedosa 146
Ausência misteriosa 152
Meu filho 153
Visão guiadora 156
Litania dos pobres 157
"Spleen" de deuses 162
Divina 163
Cabelos 164
Olhos 165
Boca 166
Seios 167
Mãos 168
Pés 169
Corpo 170
Canção negra 171
A ironia dos vermes 174
Inez 177
Humildade secreta 179
Flor perigosa 180
Metempsicose 182
Os monges 183
Tristeza do infinito 187

Luar de lágrimas 189
Ébrios e cegos 197

ÚLTIMOS SONETOS

Piedade 203
Caminho da glória 204
Presa do ódio 205
Alucinação 206
Vida obscura 207
Conciliação 208
Glória 209
A perfeição 210
Madona da tristeza 211
De alma em alma 212
Ironia de lágrimas 213
O grande momento 214
Prodígio! 215
Cogitação 216
Grandeza oculta 217
Voz fugitiva 218
Quando será?! 219
Imortal atitude 220
Livre! 221
Cárcere das almas 222
Supremo verbo 223
Vão arrebatamento 224
Benditas cadeias! 225
Único remédio 226
Floresce! 227
Deus do mal 228
A harpa 229
Almas indecisas 230
Celeste abrigo 231
Mudez perversa 232
Coração confiante 233
Espírito imortal 234
Crê! 235

Alma fatigada 236
Flor nirvanizada 237
Feliz 238
Cruzada nova 239
O soneto 240
Fogos-fátuos 241
Mundo inacessível 242
Consolo amargo 243
Vinho negro 244
Eternos atalaias 245
Perante a morte 246
O assinalado 247
Acima de tudo 248
Imortal falerno 249
Luz da natureza 250
Asas abertas 251
Velho 252
Eternidade retrospectiva 253
Alma mater 254
O coração 255
Invulnerável 256
Lírio lutuoso 257
A grande sede 258
Domus aurea 259
Um ser 260
O grande sonho 261
Condenação fatal 262
Alma ferida 263
Alma solitária 264
Visionários 265
Demônios 266
Ódio sagrado 267
Exortação 268
Bondade 269
Na luz 270
Cavador do infinito 271
Santos óleos 272
Sorriso interior 273

Mealheiro de almas 274
Espasmos 275
Evocação 276
No seio da terra 277
Anima mea 278
Sempre o sonho 279
Aspiração suprema 280
Inefável 281
Ser dos seres 282
Sexta-feira santa 283
Sentimento esquisito 284
Clamor supremo 285
Ansiedade 286
Grande amor 287
Silêncios 288
A morte 289
Só! 290
Fruto envelhecido 291
Êxtase búdico 292
Triunfo supremo 293
Assim seja 294
Renascimento 295
Pacto de almas 296
I. Para sempre 296
II. Longe de tudo 297
III. Alma das almas 298

Guia de leitura 299
Questões de vestibular 305

Prefácio

Entre a lira, a forma e o símbolo: a poesia de Cruz e Sousa

Jean Pierre Chauvin*

Inimiga do ensino, da declamação, da falsa sensibilidade, da descrição objetiva, a poesia simbolista procura: revestir a Ideia de uma forma sensível. (Jean Moréas)[1]

É bem provável que a palavra-chave "Simbolismo" tenha sido empregada originalmente em um manifesto de Jean Moréas, veiculado no jornal *Le Fígaro*, em Paris, na edição de 18 de novembro de 1886. Àquela altura, o intelectual sentenciava: "o Romantismo perdeu sua força e sua graça, abdicou de suas audácias heroicas e emendou-se, cético e cheio de bom-senso; na honrosa e mesquinha tentativa dos parnasianos, esperou uma primavera falaciosa e depois, finalmente, como um monarca destronado na infância, deixou-se depor pelo Naturalismo".

Por isso, entre o heroísmo esgotado (de caráter mais subjetivista) e o formalismo superado (acentuadamente objetivista), haveria necessidade de se propor uma nova

---

* Professor de *Cultura e Literatura Brasileira* no Departamento de Jornalismo e Editoração da Escola de Comunicações e Artes, Universidade de São Paulo.

[1] Jean Moréas. "O simbolismo". In: GOMES, Álvaro Cardoso. *A estética simbolista: textos doutrinários comentados*. Trad. Eliane Fittipaldi Pereira. São Paulo: Atlas, 1994.

expressão poética acompanhada do respectivo ideário estético. Daí a motivação de Jean Moréas ao proclamar que: "Uma nova manifestação de arte era então esperada, necessária, inevitável. Essa manifestação, latente há muito tempo, acaba de eclodir".

Afora o evidente caráter combativo, havia a clara pretensão de revitalizar a poesia, em comunhão com outras artes e áreas do conhecimento. Assim, deve-se levar em conta o fato de que, dentre os temas prediletos aportados pelos membros do grupo francês, estavam a "descoberta do subconsciente e do inconsciente" (AMORA, 1967, p. 119), o que conferia ao projeto simbolista uma seriedade raras vezes levada tão a sério na história da literatura.

A maior atenção aos estudos sobre a psique humana revela que os escritores estavam consideravelmente alinhados com os pressupostos do pensador Hartmann e de Bergson.[2] Deste modo, a renovação não se limitava ao campo literário; nem se tratava de enfatizar um dado pura ou meramente estético; mas de propor uma arte voltada sobre si mesma, inclusive.

Essa nova forma de entender e conceber poesia favorecia diálogos com a filosofia, a psicologia e a cultura, de um modo geral, visando a negar o dado mais objetivo do Parnasianismo; e, como frente de intenso engajamento, combater a concepção positivista do próprio fazer histórico, espacial e literário. De acordo com Massaud Moisés:

---

[2] O alemão Karl Robert Eduard von Hartmann (1842–1906) parece ter sido, de fato, uma importante referência dos idealizadores simbolistas. Ele ficou conhecido, sobretudo, por seu tratado *Filosofia do inconsciente*, possivelmente bastante discutido pelos poetas. Já o francês Henri Bergson (1859–1941) defendia as categorias da "intuição" (conhecimento imediato da realidade) e da "duração" (tempo psicológico, em oposição ao tempo cronológico), termos que se converteram em palavras-chave entre os poetas parisienses, conforme assinala Massaud Moisés [*A literatura brasileira: O Simbolismo (1893–1902)*. 4ª ed. São Paulo: Cultrix, 1973, p. 46-47].

(...) os simbolistas pregam e efetuam uma espécie de retorno à ou de retomada de espírito assumida pelos românticos. Vale dizer: reentroniza-se uma visão egocêntrica do mundo, de modo que o 'eu' interior de cada poeta volta a ser o foco de atenção, em lugar do 'não-eu', que se fizera centro das doutrinas realistas e naturalistas.[3]

Há um consenso por parte da crítica especializada de que o Simbolismo, nascido ao final do século XIX, simultaneamente em diversos países da Europa, teria sido transplantado para o Brasil especialmente pelo contato de nossos poetas com um grupo de escritores franceses reunidos em círculos sociais, e a transitar em torno de diversos jornais franceses de renome e tradição. Em 1896, Araripe Júnior assegurava que o jornalista Medeiros de Albuquerque fora o primeiro a reunir, por aqui, uma coleção de poemas do grupo de Mallarmé, a partir de correspondências com outro brasileiro, que mantinha contato com alguns poetas de Paris.[4]

Sob esta perspectiva, além de o Simbolismo brasileiro dever muito ao movimento que foi seu correspondente na França — nas mãos de poetas como Charles Baudelaire (1821–1867), Stéphane Mallarmé (1842–1989), Paul Verlaine (1844–1896) e Arthur Rimbaud (1854–1898) — vale lembrar que determinados elementos do Romantismo de nossa chamada segunda geração também se fizeram notar nas concepções artísticas de nossos autores. Isso explica, em parte, a força emprestada aos sentimentos, às impressões, à sugestão sob a forma poética, como se percebe na produção dos escritores, de um modo geral.

Dito de outro modo, o Simbolismo não pode ser afixado a um período estanque de nossa cultura. Em célebre ensaio sobre o movimento promovido na Europa, publicado em 1931, Edmund Wilson (1895–1972) alertava aos leitores, e

---

[3] *Idem, Ibidem*, p. 31.
[4] Araripe Júnior. *Literatura Brasileira: movimento de 1893 — O crepúsculo dos povos*. Rio de Janeiro: Tipografia da Empresa Democrática, 1896, p. 67.

em particular aos críticos que têm a literatura como matéria de ofício, quanto ao fato de que:

> (...) ao intentar escrever história literária, devemos cuidar-nos de não dar a impressão de que tais movimentos e reações seguem-se necessariamente uns aos outros, de maneira precisa e bem ordenada — como se a razão do século XVIII tivesse sido completamente desbaratada pelo Romantismo do século XIX, que então permanece invicto até ser encarcerado pelo Naturalismo.[5]

A observação do ensaísta é muito pertinente, considerando-se que o Simbolismo, a exemplo do que também ocorreu no Brasil, concentrou diferentes estilos e orientações, com efeitos tanto no conteúdo dos versos, quanto no que se referia aos elementos formais. Além disso, sua leitura sugere que o Simbolismo não pudesse ser tão simplesmente encaixado em uma sequência rígida de escolas literárias, sob pena de perder seu caráter multifacetado e revolucionário, para além do dado estético.[6]

Não por acaso, seus idealizadores pautavam-se pelo retorno do dado lírico, tão caro aos escritores românticos — e que tinha estado em voga em nosso país com três décadas de antecedência. As diferenças entre as escolas, entretanto, são muitas. Particularmente em Cruz e Sousa, o reino dos afetos, sob o modo da descrição, casa-se à evocação na forma de imagens.

---

[5] Edmund Wilson. *O castelo de Axel: estudo acerca da literatura imaginativa de 1870–1930*. Trad. José Paulo Paes. São Paulo: Cultrix, 1967, p. 15 e seguintes.

[6] Partidária da visão do crítico estadunidense, a pesquisadora Anna Balakian notou que o próprio termo (Simbolismo) "tornou-se um rótulo conveniente para os historiadores da literatura designarem a época pós-romântica. Ao mesmo tempo, ele forneceu um objetivo aos críticos literários que consideram o simbolismo uma classificação artificial de escritores heterogêneos". (*O Simbolismo*. Trad. José Bonifácio A. Caldas. São Paulo: Editora Perspectiva, 1985, p. 15).

João da Cruz e Sousa (1861-1898) tinha 32 anos quando conseguiu editar seus primeiros e mais conhecidos livros de poemas, *Missal* (em fevereiro) e *Broquéis* (em agosto).[7] Ambas as coletâneas reuniam uma série de composições caracterizadas pela evidente sonoridade (além de poeta, ele era músico), aliada a rigorosos experimentos voltados à sugestão, à combinação de sentidos e ao lirismo, como se nota no poema de abertura a *Broquéis* (1893):

Infinitos espíritos dispersos,
Inefáveis, edênicos, aéreos,
Fecundai o Mistério destes versos
Com a chama ideal de todos os mistérios. ("Antífona")

Nota-se, já em seus livros de estreia, que o escritor revelava a intenção de trilhar a dimensão simbólica por intermédio dos versos, marcados ora pela erudição, ora pela extrema sensibilidade. Para aquele que se aventurar na leitura das páginas seguintes, esta informação é relevante, mesmo porque, o movimento simbolista se distanciava do Parnasianismo.

Para Werneck Sodré: "A artificiosidade, o apuro aparente, o luxo verbal, criavam barreiras ao entendimento e à afinidade entre escritores e leitores."[8] Veja-se como Cruz e Sousa responde a isso, no terceto abaixo, extraído dos *Últimos Sonetos* (1905):

Assim ao Poeta a Natureza fala!
Em quando ele estremece ao escutá-la,
Transfigurando de emoção, sorrindo... ("Supremo Verbo")

---

[7] Ivone Daré Rabello. A voz de um rebelado. In: CRUZ E SOUSA. *Antologia poética*. São Paulo: Ática, 2006, p. 25.

[8] Nelson Werneck Sodré. *História da literatura brasileira: seus fundamentos econômicos*. 6ª ed. Rio de Janeiro: Civilização Brasileira, 1976, p. 453.

Sob essa ótica, seria um despropósito afirmar de maneira tão categórica que os poetas simbolistas revelavam mero desapego em relação ao rigor das estruturas poéticas. Muito pelo contrário, neste livro o leitor deparará com dezenas de poemas assinalados pelo apuro formal, em Cruz e Sousa: traço que foi se firmando gradativamente em seus versos, examinadas as primeiras e últimas composições.

Repare-se na simetria dos versos, rigorosamente metrificados e acentuados; regularmente ritmados e enriquecidos pelas rimas. Em determinados poemas, o amor por vezes escapa à pura transcendência, como se lia nos românticos. O eu-lírico parece aproximar-se, acercar-se mais da matéria; ele realiza um movimento de descida ao concreto, como forma de atender aos desejos carnais. Isso também se dá mediante o diálogo entre os corpos, como se sugere em "Lubricidade", na velha figura da serpente bíblica:

Quisera ser a serpe veludosa
Para, enroscada em múltiplos novelos,
Saltar-te aos seios de fluidez cheirosa
E bajulá-los e depois mordê-los...

Dizendo o mesmo de outro modo, emparelha-se o elemento mais próximo do estático (o retrato, a fixação da imagem pelo intermédio de atributos externos ou psicológicos)...

Luxúria deslumbrante e aveludada
Através desse mármore maciço
Da carne, o meu olhar nela espreguiço
Felinamente, nessa trança ondeada. ("Serpente de cabelos")

...com o mais volátil (a dinâmica sugerida pela fusão de luz, aroma e tato). Como se perceberá em muitos de seus poemas, Cruz e Sousa não negligenciou o trabalho com os conceitos, nem com determinadas questões de corte profundo, que contagiavam a própria forma poética, insinuante, sinuosa:

O ventre, em pinchos, empinava todo,
Como réptil abjecto sobre o lodo,
Espolinhando o retorcido em fúria. ("Dança do Ventre")

Portanto, sem perder tais elementos de vista, há maior vantagem em ler os seus poemas evitando nos limitarmos à categórica e recorrente "fixação pelo branco": observação que parece ter orientado boa parte de nossos manuais de literatura, em detrimento de outras características estéticas de igual ou maior relevo, como se percebe em "Mãos", do livro *Faróis* (1900):

Mãos etéricas, diáfanas, de enleios,
De eflúvios e de graças perfumadas,
Relíquias imortais de eras sagradas
De antigos templos de relíquias cheios.

Como se nota, o fato de o escritor ter feito reiteradas menções ao branco não implica que sua produção poética possa ou mereça ser lida apenas como espécie de decalque dos preconceitos étnicos que ele teria vivenciado em sua pele. Pele de outra cor, vale lembrar, num país ainda assolado pelos dias que se seguiram à, então, oficial Abolição da Escravatura.

Evidentemente, há momentos em que o poeta discorre, e com inegável talento, entre nós, sobre a dor. Em determinadas ocasiões, o sofrimento extrapola o dado descritivo e converte-se em conceito, disfunção:

Gargalha, ri, num riso de tormenta,
Como um palhaço, que desengonçado,
Nervoso, ri, num riso absurdo, inflado
De uma ironia e de uma dor violenta. ("Acrobata da dor")

Alexei Bueno bem percebeu, neste soneto, "certa força cáustica e sarcástica". Em sua análise, "os versos de *Broquéis* são o que há de mais perfeito, característica que manterá em toda a sua poesia posterior."⁹ De fato, algo que ressalta na produção de Cruz e Sousa é a constante qualidade de sua obra.

Diante da inegável qualidade estética de seus versos, é curioso que a poesia legada por João da Cruz e Sousa não tenha recebido maior atenção por parte de nossa crítica. Ivone Daré Rabello salienta que sua obra foi inicialmente lida com a devida atenção apenas em 1943, ano em que o crítico Roger Bastide publicou alguns estudos sobre a cultura e a poesia afro-brasileira.

O grande avanço trazido pela leitura do intelectual francês era buscar uma compreensão formal da obra do poeta brasileiro, em lugar de repetir especulações em torno de sua vida, sabidamente marcada pelas dificuldades financeiras e de foro pessoal. O fato é que, em acordo com a opinião da pesquisadora: "A obra de Cruz e Sousa ainda é uma das feridas que doem em nossa cultura.¹⁰"

Dessa maneira, embora se reconheça que João da Cruz e Sousa foi homem de vida breve, humilde e sofrida, uma leitura que enfatize os episódios de sua biografia, ou que o desloque para as fronteiras da obsessão pelas cores "alvas" e formas do abstrato, provavelmente não contemplará toda a medida e o alcance de seus versos: autênticas composições que estão bem além da estereotipia ou do jogo fácil de palavras. Eis a ocasião de reforçar este convite para ler, reler e melhor compreender o tanto que ele tinha a sugerir e a dizer.

---

⁹ Alexei Bueno. *Uma história da poesia brasileira*. Rio de Janeiro: Casa Editorial G. Ermakoff, 2007, p. 217.

¹⁰ *Idem, Ibidem*, p. 9-10. Somente em 1951, por sinal, o movimento recebeu parte da merecida atenção entre nós. Naquele ano, Andrade Muricy organizou em livro o *Panorama do Movimento Simbolista Brasileiro*. A edição foi publicada inicialmente pelo Departamento de Imprensa Nacional, sediado no Rio de Janeiro.

BROQUÉIS

Seigneur mon Dieu! accordez-moi la grâce de produire
quelques beaux vers qui me prouvent à moi-même
que je ne suis pas le dernier des hommes,
que je ne suis pas inférieur à ceux que je méprise.

Baudelaire

Antífona[1]

Ó Formas alvas, brancas, Formas claras
De luares, de neves, de neblinas!...
Ó Formas vagas, fluidas, cristalinas...
Incensos dos turíbulos das aras...

    Formas do Amor, constelarmente puras,
    De Virgens e de Santas vaporosas...
    Brilhos errantes, mádidas[2] frescuras
    E dolências de lírios e de rosas...

Indefiníveis músicas supremas,
Harmonias da Cor e do Perfume...
Horas do Ocaso, trêmulas, extremas,
Réquiem do Sol que a Dor da Luz resume...

    Visões, salmos e cânticos serenos,
    Surdinas de órgãos flébeis, soluçantes...
    Dormências de volúpicos venenos
    Sutis e suaves, mórbidos, radiantes...

Infinitos espíritos dispersos,
Inefáveis, edênicos, aéreos,
Fecundai o Mistério destes versos,
Com a chama ideal de todos os mistérios.

---

[1] Versículo cantado antes e depois do salmo.
[2] Umedecido; orvalhado.

Do Sonho as mais azuis diafaneidades
Que fuljam, que na Estrofe se levantem
E as emoções, todas as castidades
Da alma do Verso, pelos versos cantem.

    Que o pólen de ouro dos mais finos astros
    Fecunde e inflame a rima clara e ardente...
    Que brilhe a correção dos alabastros
    Sonoramente, luminosamente.

Forças originais, essência, graça
De carnes de mulher, delicadezas...
Todo esse eflúvio que por ondas passe
Do Éter nas róseas e áureas correntezas...

    Cristais diluídos de clarões alacres,[3]
    Desejos, vibrações, ânsias, alentos
    Fulvas vitórias, triunfamentos acres,
    Os mais estranhos estremecimentos...

Flores negras do tédio e flores vagas
De amores vãos, tantálicos, doentios...
Fundas vermelhidões de velhas chagas
Em sangue, abertas, escorrendo em rios...

    Tudo! vivo e nervoso e quente e forte,
    Nos turbilhões quiméricos do Sonho,
    Passe, cantando, ante o perfil medonho
    E o tropel cabalístico da Morte...

---

[3] Jovial; vivo.

SIDERAÇÕES

Para as Estrelas de cristais gelados
As ânsias e os desejos vão subindo,
Galgando azuis e siderais noivados,
De nuvens brancas a amplidão vestindo

    Num cortejo de cânticos alados
    Os arcanjos, as cítaras ferindo,
    Passam, das vestes nos troféus prateados,
    As asas de ouro finamente abrindo...

Dos etéreos turíbulos de neve
Claro incenso aromal, límpido e leve,
Ondas nevoentas de Visões levanta...

    E as ânsias e os desejos infinitos
    Vão com os arcanjos formulando ritos
    De Eternidade que nos Astros canta...

LÉSBIA

Cróton selvagem, tinhorão lascivo,
Planta mortal, carnívora, sangrenta,
Da tua carne báquica[1] rebenta
A vermelha explosão de um sangue vivo.

    Nesse lábio mordente e convulsivo,
    Ri, ri risadas de expressão violenta
    O Amor, trágico e triste, e passa, lenta,
    A morte, o espasmo gélido, aflitivo...

Lésbia nervosa, fascinante e doente,
Cruel e demoníaca serpente
Das flamejantes atrações do gozo.

    Dos teus seios acídulos, amargos,
    Fluem capros aromas e os letargos,
    Os ópios de um luar tuberculoso...

---

[1] Festa libertina; orgia.

MÚMIA

Múmia de sangue e lama e terra e treva,
Podridão feita deusa de granito,
Que surge dos mistérios do Infinito
Amamentada na lascívia de Eva.

   Tua boca voraz se farta e ceva
   Na carne e espalhas o terror maldito,
   O grito humano, o doloroso grito
   Que um vento estranho para os limbos leva.

Báratros,[1] criptas, dédalos atrozes
Escancaram-se aos tétricos, ferozes
Uivos tremendos com luxúria e cio...

   Ris a punhais de frígidos sarcasmos
   E deve dar congélidos espasmos
   O teu beijo de pedra horrendo e frio!...

---

[1] Precipício; inferno.

Em sonhos...

Nos santos óleos do luar, floria
Teu corpo ideal, com o resplendor da Helade
E em toda a etérea, branda claridade
Como que erravam fluidos de harmonia...

    As Águias imortais da Fantasia
    Deram-te as asas e a serenidade
    Para galgar, subir à Imensidade
    Onde o clarão de tantos sóis radia.

Do espaço pelos límpidos velinos
Os Astros vieram claros, cristalinos,
Com chamas, vibrações, do alto, cantando...

    Nos santos óleos do luar envolto
    Teu corpo era o Astro nas esferas solto,
    Mais Sóis e mais Estrelas fecundando!

LUBRICIDADE

Quisera ser a serpe venenosa
Que dá-te medo e dá-te pesadelos
Para envolver-me, ó Flor maravilhosa,
Nos flavos turbilhões dos teus cabelos.

    Quisera ser a serpe veludosa
    Para, enroscada em múltiplos novelos,
    Saltar-te aos seios de fluidez cheirosa
    E babujá-los[1] e depois mordê-los...

Talvez que o sangue impuro e flamejante
Do teu lânguido corpo de bacante,
Da langue ondulação de águas do Reno

    Estranhamente se purificasse...
    Pois que um veneno de áspide vorace
    Deve ser morto com igual veneno...

---

[1] Babujar: Adular; babar.

Monja

Ó Lua, Lua triste, amargurada,
Fantasma de brancuras vaporosas,
A tua nívea luz ciliciada
Faz murchecer e congelar as rosas.

Nas flóridas searas ondulosas,
Cuja folhagem brilha fosforeada,
Passam sombras angélicas, nivosas,[1]
Lua, Monja da cela constelada.

Filtros dormentes dão aos lagos quietos
Ao mar, ao campo, os sonhos mais secretos,
Que vão pelo ar, noctâmbulos,[2] pairando...

Então, ó Monja branca dos espaços,
Parece que abres para mim os braços,
Fria, de joelhos, trêmula, rezando...

---

[1] Coberto de neve.
[2] Sinônimo de sonâmbulo.

CRISTO DE BRONZE

Ó Cristos de ouro, de marfim, de prata,
Cristos ideais, serenos, luminosos,
Ensanguentados Cristos dolorosos
Cuja cabeça a Dor e a Luz retrata.

    Ó Cristos de altivez intemerata,[1]
    Ó Cristos de metais estrepitosos
    Que gritam como os tigres venenosos
    Do desejo carnal que enerva e mata.

Cristos de pedra, de madeira e barro...
Ó Cristo humano, estético, bizarro,
Amortalhado nas fatais injúrias...

    Na rija cruz aspérrima[2] pregado
    Canta o Cristo de bronze do Pecado,
    Ri o Cristo de bronze das luxúrias!...

---

[1] Íntegro; imaculado.
[2] Áspero; penoso.

Clamando...

Bárbaros vãos, dementes e terríveis
Bonzos tremendos de ferrenho aspeto,
Ah! deste ser todo o clarão secreto
Jamais pôde inflamar-vos, Impassíveis!

    Tantas guerras bizarras e incoercíveis
    No tempo e tanto, tanto imenso afeto,
    São para vós menos que um verme e inseto
    Na corrente vital pouco sensíveis.

No entanto nessas guerras mais bizarras
De sol, clarins e rútilas fanfarras,
Nessas radiantes e profundas guerras...

    As minhas carnes se dilaceraram
    E vão, das Ilusões que flamejaram,
    Com o próprio sangue fecundando as terras...

Braços

Braços nervosos, brancas opulências,
Brumais brancuras, fúlgidas brancuras,
Alvuras castas, virginais alvuras,
Lactescências das raras lactescências.

    As fascinantes, mórbidas dormências
    Dos teus abraços de letais flexuras,
    Produzem sensações de agres torturas,
    Dos desejos as mornas florescências.

Braços nervosos, tentadoras serpes
Que prendem, tetanizam como os herpes,
Dos delírios na trêmula coorte...

    Pompa de carnes tépidas e flóreas,
    Braços de estranhas correções marmóreas
    Abertos para o Amor e para a Morte!

Regina Coeli

Ó Virgem branca, Estrela dos altares,
Ó Rosa pulcra dos Rosais polares!

    Branca, do alvor das âmbulas[1] sagradas
    E das níveas camélias regeladas.

Das brancuras da seda sem desmaios
E da lua de linho em nimbo e raios.

    Regina Coeli das sidéreas flores,
    Hóstia da Extrema-Unção de tantas dores.

Ave de prata e azul, Ave dos astros...
Santelmo aceso, a cintilar nos mastros...

    Gôndola etérea de onde o Sonho emerge...
    Água Lustral que o meu Pecado asperge.

Bandolim do luar, Campo de giesta,
Igreja matinal gorjeando em festa.

    Aroma, Cor e Som das Ladainhas
    De Maio e Vinha verde dentre as vinhas.

Dá-me, através de cânticos, de rezas,
O Bem, que almas acerbas torna ilesas.

---

[1] Frasco que guardam os santos óleos.

O Vinho douro, ideal, que purifica
Das seivas juvenis a força rica.

Ah! faz surgir, que brote e que floresça
A Vinha douro e o vinho resplandeça.

Pela Graça imortal dos teus Reinados
Que a Vinha os frutos desabroche iriados.

Que frutos, flores, essa Vinha brote
Do céu sob o estrelado chamalote.

Que a luxúria poreje de áureos cachos
E eu um vinho de sol beba aos riachos.

Virgem, Regina, Eucaristia, *Coeli,*
Vinho é o clarão que ao teu Amor impele.

Que desabrocha ensanguentadas rosas
Dentro das naturezas luminosas.

Ó Regina do Mar! *Coeli*! Regina!
Ó Lâmpada das naves do Infinito!
Todo o Mistério azul desta Surdina
Vem d'estranhos Missais de um novo Rito!...

Sonho branco

De linho e rosas brancas vais vestido,
Sonho virgem que cantas no meu peito!...
És do Luar o claro deus eleito,
Das estrelas puríssimas nascido.

    Por caminho aromal, enflorescido,
    Alvo, sereno, límpido, direito,
    Segues radiante, no esplendor perfeito,
    No perfeito esplendor indefinido...

As aves sonorizam-te o caminho...
E as vestes frescas, do mais puro linho
E as rosas brancas dão-te um ar nevado...

    No entanto, ó Sonho branco de quermesse!
    Nessa alegria em que tu vais, parece
    Que vais infantilmente amortalhado!

Canção da Formosura

Vinho de sol ideal canta e cintila
Nos teus olhos, cintila e aos lábios desce,
Desce à boca cheirosa e a empurpuresce,
Cintila e canta após dentre a pupila.

    Sobe, cantando, à limpidez tranquila
    Da tu'alma estrelada e resplandece,
    Canta de novo e, na doirada messe
    Do teu amor, se perpetua e trila...

Canta e te alaga e se derrama e alaga...
Num rio de ouro, iriante,[1] se propaga
Na tua carne alabastrina e pura.

    Cintila e canta, na canção das cores,
    Na harmonia dos astros sonhadores,
    A Canção imortal da Formosura!

---

[1] Brilhar; matizar.

Torre de ouro

Desta torre desfraldam-se altaneiras,
Por sóis de céus imensos broqueladas,
Bandeiras reais, do azul das madrugadas
E do íris flamejante das poncheiras.

    As torres de outras regiões primeiras
    No Amor, nas Glórias vãs arrebatadas
    Não elevam mais alto, desfraldadas,
    Bravas, triunfantes, imortais bandeiras.

São pavilhões das hostes fugitivas,
Das guerras acres, sanguinárias, vivas,
Da luta que os Espíritos ufana.

    Estandartes heroicos, palpitantes,
    Vendo em marcha passe aniquilantes
    As torvas catapultas do Nirvana!

CARNAL E MÍSTICO

Pelas regiões tenuíssimas da bruma
Vagam as Virgens e as Estrelas raras...
Como que o leve aroma das searas
Todo o horizonte em derredor perfume.

    Numa evaporação de branca espuma
    Vão diluindo as perspectivas claras...
    Com brilhos crus e fúlgidos de tiaras
    As Estrelas apagam-se uma a uma.

E então, na treva, em místicas dormências
Desfila, com sidéreas lactescências,
Das Virgens o sonâmbulo cortejo...

    Ó Formas vagas, nebulosidades!
    Essência das eternas virgindades!
    Ó intensas quimeras do Desejo...

A DOR

Torva Babel das lágrimas, dos gritos,
Dos soluços, dos ais, dos longos brados,
A Dor galgou os mundos ignorados,
Os mais remotos, vagos infinitos.

    Lembrando as religiões, lembrando os ritos,
    Avassalara os povos condenados,
    Pela treva, no horror, desesperados,
    Na convulsão de Tântalos aflitos.

Por buzinas e trompas assoprando
As gerações vão todas proclamando
A grande Dor aos frígidos espaços...

    E assim parecem, pelos tempos mudos,
    Raças de Prometeus titâneos, rudos,[1]
    Brutos e colossais, torcendo os braços!

---

[1] Mesmo que rude.

Encarnação

Carnais, sejam carnais tantos desejos,
Carnais, sejam carnais tantos anseios,
Palpitações e frêmitos e enleios,
Das harpas da emoção tantos arpejos...

    Sonhos, que vão, por trêmulos adejos,
    À noite, ao luar, entumescer os seios
    Lácteos, de finos e azulados veios
    De virgindade, de pudor, de pejos...

Sejam carnais todos os sonhos brumos
De estranhos, vagos, estrelados rumos
Onde as Visões do amor dormem geladas...

    Sonhos, palpitações, desejos e ânsias
    Formem, com claridades e fragrâncias,
    A encarnação das lívidas Amadas!

Sonhador

Por sóis, por belos sóis alvissareiros,
Nos troféus do teu Sonho irás cantando,
As púrpuras romanas arrastando,
Engrinaldado de imortais loureiros.

Nobre guerreiro audaz entre os guerreiros,
Das Idéias as lanças sopesando,
Verás, a pouco e pouco, desfilando
Todos os teus desejos condoreiros...

Imaculado, sobre o lodo imundo,
Há de subir, com as vivas castidades,
Das tuas glórias o clarão profundo.

Há de subir além de eternidades,
Diante do torvo crocitar[1] do mundo,
Para o branco Sacrário das Saudades!

---

[1] Grasnar; corvejar.

Noiva da agonia

Trêmula e só, de um túmulo surgindo,
Aparição dos ermos desolados,
Trazes na face os frios tons magoados;
De quem anda por túmulos dormindo...

    A alta cabeça no esplendor, cingindo
    Cabelos de reflexos irisados,
    Por entre auréolas de clarões prateados,
    Lembras o aspecto de um luar diluindo...

Não és, no entanto, a torva Morte horrenda,
Atra, sinistra, gélida, tremenda,
Que as avalanches da Ilusão governa...

Mas ah! és da Agonia a Noiva triste
Que os longos braços lívidos abriste
Para abraçar-me para a Vida eterna!

LUA

Clâmides[1] frescas, de brancuras frias,
Finíssimas dalmáticas de neve
Vestem as longas árvores sombrias,
Surgindo a Lua nebulosa e leve...

    Névoas e névoas frígidas ondulam...
    Alagam lácteos e fulgentes rios
    Que na enluarada refração tremulam
    Dentre fosforescências, calafrios...

E ondulam névoas, cetinosas rendas
De virginais, de prônubas[2] alvuras...
Vagam baladas e visões e lendas
No florido noivado das Alturas...

    E fria, fluente, frouxa claridade
    Flutua como as brumas de um letargo...
    E erra no espaço, em toda a imensidade,
    Um sonho doente, cilicioso, amargo...

Da vastidão dos páramos serenos,
Das siderais abóbadas cerúleas[3]
Cai a luz em antífonas, em trenos,
Em misticismos, orações e dúlias...[4]

---

[1] Manto dos antigos gregos.
[2] Relativo à noiva.
[3] Azul-celeste.
[4] Culto aos santos.

E entre os marfins e as pratas diluídas
Dos lânguidos clarões tristes e enfermos,
Com grinaldas de roxas margaridas
Vagam as Virgens de cismares ermos...

Cabelos torrenciais e dolorosos
Bóiam nas ondas dos etéreos gelos.
E os corpos passam níveos, luminosos,
Nas ondas do luar e dos cabelos...

Vagam sombras gentis de mortas, vagam
Em grandes procissões, em grandes alas;
Dentre as auréolas, os clarões que alagam,
Opulências de pérolas e opalas.

E a Lua vai clorótica fulgindo
Nos seus alperces etereais e brancos,
A luz gelada e pálida diluindo
Das serranias pelos largos flancos...

Ó Lua das magnólias e dos lírios!
Geleira sideral entre as geleiras!
Tens a tristeza mórbida dos círios
E a lividez da chama das poncheiras!

Quando ressurges, quando brilhas e amas,
Quando de luzes a amplidão constelas,
Com os fulgores glaciais que tu derramas
Dás febre e frio, dás nevrose, gelas...

A tua dor cristalizou-se outrora
Na dor profunda mais dilacerada
E das dores estranhas, ó Astro, agora,
És a suprema Dor cristalizada!...

Satã

Capro e revel, com os fabulosos cornos
Na fronte real de rei dos reis vetustos,
Com bizarros e lúbricos contornos,
Ei-lo Satã entre os Satãs augustos.

    Por verdes e por báquicos adornos
    Vai c'roado de pâmpanos venustos
    O deus pagão dos Vinhos acres, mornos,
    Deus triunfador dos triunfadores justos.

Arcangélico e audaz, nos sóis radiantes,
À púrpura das glórias flamejantes,
Alarga as asas de relevos bravos...

    O Sonho agita-lhe a imortal cabeça...
    E solta aos sóis e estranha e ondeada e espessa
    Canta-lhe a juba dos cabelos flavos!

Beleza morta

De leve, louro e enlanguescido helianto[1]
Tens a flórea dolência contristada...
Há no teu riso amargo um certo encanto
De antiga formosura destronada.

    No corpo, de um letárgico quebranto;
    Corpo de essência fina, delicada,
    Sente-se ainda o harmonioso canto
    Da carne virginal, clara e rosada.

Sente-se o canto errante, as harmonias
Quase apagadas, vagas, fugidias
E uns restos de clarão de Estrela acesa...

    Como que ainda os derradeiros haustos[2]
    De opulências, de pompas e de faustos,
    As relíquias saudosas da beleza.

---

[1] Planta mais conhecida como girassol.
[2] Gole; tragos.

Afra

Ressurges dos mistérios da luxúria,
Afra, tentada pelos verdes pomos,
Entre os silfos magnéticos e os gnomos
Maravilhosos da paixão purpúrea.

    Carne explosiva em pólvoras e fúria
    De desejos pagãos, por entre assomos
    Da virgindade — casquinantes[1] momos
    Rindo da carne já votada à incúria.

Votada cedo ao lânguido abandono,
Aos mórbidos delíquios como ao sono,
Do gozo haurindo os venenosos sucos.

    Sonho-te a deusa das lascivas pompas,
    A proclamar, impávida, por trompas;
    Amores mais estéreis que os eunucos!

---

[1] Risadas sucessivas de escárnio.

PRIMEIRA COMUNHÃO

Grinaldas e véus brancos, véus de neve,
Véus e grinaldas purificadores,
Vão as Flores carnais, as alvas Flores
Do Sentimento delicado e leve.

    Um luar de pudor, sereno e breve,
    De ignotos e de prônubos pudores,
    Erra nos pulcros, virginais brancores
    Por onde o Amor parábolas descreve...

Luzes claras e augustas, luzes claras
Douram dos templos as sagradas aras,
Na comunhão das níveas hóstias frias...

    Quando seios pubentes estremecem,
    Silfos de sonhos de volúpia crescem,
    Ondulantes, em formas alvadias...

JUDIA

Ah! Judia! Judia impenitente!
De erma e de turva região sombria
De areia fulva, bárbara, inclemente,
Numa desolação, chegaste um dia...

    Través o céu mais tórrido, mais quente,
    Onde a luz mais flamívona radia,
    A voz dos teus, nostálgica, plangente,
    Vibrou, chorou, clamou por ti, Judia!

Ave de melancólicos mistérios,
Ruflaste as asas por Azuis sidérios,
Ébria dos vícios célebres que salvam...

    Para alguns corações que ainda te buscam
    És como os sóis que rútilos coruscam
    E a torva terra do deserto escalvam!

VELHAS TRISTEZAS

Diluências de luz, velhas tristezas
Das almas que morreram para a luta!
Sois as sombras amadas de belezas
Hoje mais frias do que a pedra bruta.

    Murmúrios incógnitos de gruta
    Onde o Mar canta os salmos e as rudezas
    De obscuras religiões — voz impoluta
    De todas as titânicas grandezas.

Passai, lembrando as sensações antigas,
Paixões que foram já dóceis amigas,
Na luz de eternos sóis glorificadas.

    Alegrias de há tempos! E hoje e agora,
    Velhas tristezas que se vão embora
    No poente da Saudade amortalhadas!...

VISÃO DA MORTE

Olhos voltados para mim e abertos
Os braços brancos, os nervosos braços,
Bens de espaços estranhos, dos espaços
Infinitos, intérminos, desertos...

    Do teu perfil os tímidos, incertos
    Traços indefinidos, vagos traços
    Deixam, da luz nos ouros e nos aços,
    Outra luz de que os céus ficam cobertos.

Deixam nos céus uma outra luz mortuária,
Uma outra luz de lívidos martírios,
De agonias, de mágoa funerária...

    E causas febre e horror, frio, delírios,
    Ó Noiva do Sepulcro, solitária,
    Branca e sinistra no clarão dos círios!

Deusa serena

Espiritualizante Formosura
Gerada nas Estrelas impassíveis,
Deusa de formas bíblicas, flexíveis,
Dos eflúvios da graça e da ternura.

    Açucena dos vales da Escritura,
    Da alvura das magnólias marcescíveis,
    Branca Via-Láctea das indefiníveis
    Brancuras, fonte da imortal brancura.

Não veio, é certo, dos pauis da terra
Tanta beleza que o teu corpo encerra,
Tanta luz de luar e paz saudosa...

    Vem das constelações, do Azul do Oriente,
    Para triunfar maravilhosamente
    Da beleza mortal e dolorosa!

TULIPA REAL

Carne opulenta, majestosa, fina,
Do sol gerada nos febris carinhos,
Há músicas, há cânticos, há vinhos
Na tua estranha boca sulferina.

    A forma delicada e alabastrina[1]
    Do teu corpo de límpidos arminhos
    Tem a frescura virginal dos linhos
    E da neve polar e cristalina.

Deslumbramento de luxúria e gozo,
Vem dessa carne o travo aciduloso
De um fruto aberto aos tropicais mormaços.

    Teu coração lembra a orgia dos triclínios...
    E os reis dormem bizarros e sanguíneos
    Na seda branca e pulcra dos teus braços.

---

[1] Relativo ao alabastro; branco.

Aparição

Por uma estrada de astros e perfumes
A Santa Virgem veio ter comigo:
Doiravam-lhe o cabelo claros lumes
Do sacrossanto esplendor antigo.

    Dos olhos divinais no doce abrigo
    Não tinha laivos de Paixões e ciúmes:
    Domadora do Mal e do perigo,
    Da montanha da Fé galgara os cumes.

Vestida na alva excelsa dos Profetas
Falou na ideal resignação de Ascetas;
Que a febre dos desejos aquebranta.

    No entanto os olhos d'Ela vacilavam,
    Pelo mistério, pela dor flutuavam,
    Vagos e tristes, apesar de Santa!

VESPERAL

Tardes de ouro para harpas dedilhadas
    Por sacras solenidades
De catedrais em pompa, iluminadas
    Com rituais majestades.

    Tardes para quebrantos e surdinas
        E salmos virgens e cantos
    De vozes celestiais, de vozes finas
        De surdinas e quebrantos...

Quando através de altas vidraçarias
    De estilos góticos, graves,
O sol, no poente, abre tapeçarias,
    Resplandecendo nas naves...

    Tardes augustas, bíblicas, serenas,
        Com silêncio de ascetérios
    E aromas leves, castos, de açucenas
        Nos claros ares sidéreos...

Tardes de campos repousados, quietos,
    Nos longes emocionantes...
De rebanhos saudosos, de secretos
    Desejos vagos, errantes...

    Ó Tardes de Beethoven, de sonatas,
        De um sentimento aéreo e velho...
    Tardes da antiga limpidez das pratas,
        De Epístolas do Evangelho!...

Dança do Ventre

Torva, febril, torcicolosamente,
Numa espiral de elétricos volteios,
Na cabeça, nos olhos e nos seios
Fluíam-lhe os venenos da serpente.

    Ah! que agonia tenebrosa e ardente!
    Que convulsões, que lúbricos anseios,
    Quanta volúpia e quantos bamboleios,
    Que brusco e horrível sensualismo quente.

O ventre, em pinchos, empinava todo
Como reptil abjeto sobre o lodo,
Espolinhando e retorcido em fúria.

    Era a dança macabra e multiforme
    De um verme estranho, colossal, enorme;
    Do demônio sangrento da luxúria!

FOEDERIS ARCA

Visão que a luz dos Astros louros trazes,
Papoula real tecida de neblinas
Leves, etéreas, vaporosas, finas,
Com aromas de lírios e lilazes.

    Brancura virgem do cristal das frases,
    Neve serena das regiões alpinas,
    Willis juncal de mãos alabastrinas,
    De fugitivas correções vivazes.

Floresces no meu Verso como o trigo,
O trigo de ouro d'entre o sol floresce
E és a suprema Religião que eu sigo...

    O Missal dos Missais, que resplandece,
    A igreja soberana que eu bendigo
    E onde murmuro a solitária prece!...

TUBERCULOSA

Alta, a frescura da magnólia fresca,
Da cor nupcial da flor da laranjeira,
Doces tons d'ouro de mulher tudesca[1]
Na veludosa e flava cabeleira.

    Raro perfil de mármores exatos,
    Os olhos de astros vivos que flamejam,
    Davam-lhe o aspecto excêntrico dos cactus
    E esse alado das pombas, quando adejam...[2]

Radiava nela a incomparável messe
Da saúde brotando vigorosa,
Como o sol que entre névoas resplandece,
Por entre a fina pele cor-de-rosa.

    Era assim luminosa e delicada,
    Tão nobre sempre de beleza e graça
    Que recordava pompas de alvorada,
    Sonoridades de cristais de taça.

Mas, pouco a pouco, a ideal delicadeza
Daquele corpo virginal e fino,
Sacrário da mais límpida beleza,
Perdeu a graça e o brilho diamantino.

---

[1] Germânica; alemã.
[2] Adejar; esvoaçar.

Tísica e branca, esbelta, frígida e alta
E fraca e magra e transparente e esguia,
Tem agora a feição de ave pernalta,
De um pássaro alvo de aparência fria.

Mãos liriais e diáfanas, de neve,
Rosto onde um sonho aéreo e polar flutua,
Ela apresenta a fluidez, a leve
Ondulação da vaporosa lua.

Entre vidraças, como numa estufa,
No inverno glacial de vento e chuva
Que sobre as telhas tamborila e rufa,
Vejo-a, talhada em nitidez de luva...

E faz lembrar uma esquisita planta
De profundos pomares fabulosos
Ou a angélica imagem de uma Santa
Dentre a auréola de nimbos religiosos.

A enfermidade vai-lhe, palmo a palmo,
Ganhando corpo, como num terreno...
E com prelúdios místicos de salmo
Cai-lhe a vida em crepúsculo sereno.

Jamais há de ela ter a cor saudável
Para que a carne do seu corpo goze,
Que o que tinha esse corpo de inefável
Cristalizou-se na tuberculose.

Foge ao mundo fatal, arbusto débil,
Monja magoada dos estranhos ritos,
Ó trêmula harpa soluçante, flébil,
Ó soluçante, flébil eucaliptos...

FLOR DO MAR

És da origem do mar, vens do secreto,
Do estranho mar espumaroso e frio
Que põe rede de sonhos ao navio;
E o deixa balouçar, na vaga, inquieto.

    Possuis do mar o deslumbrante afeto;
    As dormências nervosas e o sombrio
    E torvo aspecto aterrador, bravio
    Das ondas no atro[1] e proceloso aspecto.

Num fundo ideal de púrpuras e rosas
Surges das águas mucilaginosas
Como a lua entre a névoa dos espaços...

    Trazes na carne o eflorescer das vinhas,
    Auroras, virgens músicas marinhas,
    Acres aromas de algas e sargaços...[2]

---

[1] Escuro; lúgubre.
[2] Planta marinha.

DILACERAÇÕES

Ó carnes que eu amei sangrentamente,
Ó volúpias letais e dolorosas,
Essências de heliotropos e de rosas
De essência morna, tropical, dolente...

    Carnes virgens e tépidas do Oriente
    Do Sonho e das Estrelas fabulosas,
    Carnes acerbas e maravilhosas,
    Tentadoras do sol intensamente...

Passai, dilaceradas pelos zelos,
Através dos profundos pesadelos
Que me apunhalam de mortais horrores...

    Passai, passai, desfeitas em tormentos,
    Em lágrimas, em prantos, em lamentos,
    Em ais, em luto, em convulsões, em dores...

REGENERADA

De mãos postas, à luz de frouxos círios
Rezas para as Estrelas do Infinito;
Para os Azuis dos siderais Empíreos
Das Orações o doloroso rito.

    Todos os mais recônditos martírios,
As angústias mortais, teu lábio aflito
Soluça, em preces de luar e lírios,
Num trêmulo de frases inaudito.

Olhos, braços e lábios, mãos e seios,
Presos; de estranhos, místicos enleios;
Já nas Mágoas estão divinizados.

    Mas no teu vulto ideal e penitente
Parece haver todo o calor veemente
Da febre antiga de gentis Pecados.

Sentimentos Carnais

Sentimentos carnais, esses que agitam
Todo o teu ser e o tornam convulsivo...
Sentimentos indômitos que gritam
Na febre intensa de um desejo altivo.

    Ânsias mortais, angústias que palpitam,
    Vãs dilacerações de um sonho esquivo,
    Perdido, errante, pelos céus, que fitam
    Do alto, nas almas, o tormento vivo.

Vãs dilacerações de um Sonho estranho,
Errante, como ovelhas de um rebanho,
Na noite de hóstias de astros constelada...

    Errante, errante, ao turbilhão dos ventos,
    Sentimentos carnais, vãos sentimentos
    De chama pelos tempos apagada...

CRISTAIS

Mais claro e fino do que as finas pratas
O som da tua voz deliciava...
Na dolência velada das sonatas
Como um perfume a tudo perfumava.

    Era um som feito luz, eram volatas
    Em lânguida espiral que iluminava,
    Brancas sonoridades de cascatas...
    Tanta harmonia melancolizava.

Filtros sutis de melodias, de ondas
De cantos volutuosos como rondas
De silfos leves, sensuais, lascivos...

    Como que anseios invisíveis, mudos,
    Da brancura das sedas e veludos,
    Das virgindades, dos pudores vivos.

Sinfonias do ocaso

Musselinosas como brumas diurnas
Descem do ocaso as sombras harmoniosas,
Sombras veladas e musselinosas
Para as profundas solidões noturnas.

    Sacrários virgens, sacrossantas urnas,
    Os céus resplendem de sidéreas rosas,
    Da Lua e das Estrelas majestosas
    Iluminando a escuridão das furnas.

Ah! por estes sinfônicos ocasos
A terra exala aromas de áureos vasos,
Incensos de turíbulos divinos.

    Os plenilúnios[1] mórbidos vaporam...
    E como que no Azul plangem e choram
    Cítaras, harpas, bandolins, violinos...

---

[1] Lua cheia.

Rebelado

Ri tua face um riso acerbo e doente,
Que fere, ao mesmo tempo que contrista...
Riso de ateu e riso de budista
Gelado no Nirvana impenitente.

    Flor de sangue, talvez, e flor dolente
    De uma paixão espiritual de artista,
    Flor de Pecado sentimentalista
    Sangrando em riso desdenhosamente.

Da alma sombria de tranquilo asceta
Bebeste, entanto, a morbidez secreta
Que a febre das insânias adormece.

    Mas no teu lábio convulsivo e mudo
    Mesmo até riem, com desdéns de tudo,
    As sílabas simbólicas da Prece!

MÚSICA MISTERIOSA

Tenda de Estrelas níveas, refulgentes,
Que abris a doce luz de alampadários,
As harmonias dos Estradivárius
Erram da Lua nos clarões dormentes...

    Pelos raios fluídicos, diluentes
    Dos Astros, pelos trêmulos velários,
    Cantam Sonhos de místicos templários,
    De ermitões e de ascetas reverentes...

Cânticos vagos, infinitos, aéreos
Fluir parecem dos Azuis etéreos,
Dentre os nevoeiros do luar fluindo...

    E vai, de Estrela a Estrela, à luz da Lua,
    Na láctea claridade que flutua,
    A surdina das lágrimas subindo...

SERPENTE DE CABELOS

A tua trança negra e desmanchada
Por sobre o corpo nu, torso, inteiriço,
Claro, radiante de esplendor e viço,
Ah! lembra a noite de astros apagada.

    Luxúria deslumbrante e aveludada
    Através desse mármore maciço
    Da carne, o meu olhar nela espreguiço
    Felinamente, nessa trança ondeada.

E fico absorto, num torpor de coma,
Na sensação narcótica do aroma,
Dentre a vertigem túrbida dos zelos.

    És a origem do Mal, és a nervosa
    Serpente tentadora e tenebrosa,
    Tenebrosa serpente de cabelos!...

Post mortem

Quando do amor das Formas inefáveis
No teu sangue apagar-se a imensa chama,
Quando os brilhos estranhos e variáveis
Esmorecerem nos troféus da Fama.

    Quando as níveas Estrelas invioláveis,
    Doce velário que um luar derrama,
    Nas clareiras azuis ilimitáveis
    Clamarem tudo o que o teu Verso clama.

Já terás para os báratros descido,
Nos cilícios da Morte revestido,
Pés e faces e mãos e olhos gelados...

    Mas os teus Sonhos e Visões e Poemas
    Pelo alto ficarão de eras supremas
    Nos relevos do Sol eternizados!

Alda

Alva, do alvor das límpidas geleiras,
Desta ressumbra candidez de aromas...
Parece andar em nichos e redomas
De Virgens medievais que foram freiras.

    Alta, feita no talhe das palmeiras,
    A coma de ouro, com o cetim das comas,
    Branco esplendor de faces e de pomas,
    Lembra ter asas e asas condoreiras.

Pássaros, astros, cânticos, incensos
Formam-lhe auréolas, sóis, ninhos imensos
Em torno à carne virginal e rara.

    Alda faz meditar nas monjas alvas,
    Salvas do Vício e do Pecado salvas,
    Amortalhadas na pureza clara.

Acrobata da dor

Gargalha, ri, num riso de tormenta,
Como um palhaço, que desengonçado,
Nervoso, ri, num riso absurdo, inflado
De uma ironia e de uma dor violenta.

Da gargalhada atroz, sanguinolenta,
Agita os guizos, e convulsionado
Salta, "gavroche", salta, "clown", varado
Pelo estertor dessa agonia lenta...

Pedem-te bis e um bis não se despreza!
Vamos! retesa os músculos, retesa
Nessas macabras piruetas d'aço...

E embora caias sobre o chão, fremente,
Afogado em teu sangue estuoso e quente,
Ri! Coração, tristíssimo palhaço.

ÂNGELUS...

Ah! lilases de Ângelus harmoniosos,
Neblinas vesperais, crepusculares,
Guslas[1] gementes, bandolins saudosos,
Plangências magoadíssimas dos ares...

    Serenidades etereais de incensos,
    De salmos evangélicos, sagrados,
    Saltérios, harpas dos Azuis imensos,
    Névoas de céus espiritualizados.

Ângelus fluidos, de luar dormente,
Diafaneidades e melancolias...
Silêncio vago, bíblico, pungente
De todas as profundas liturgias.

    É nas horas dos Ângelus, nas horas
    Do claro-escuro emocional aéreo,
    Que surges, Flor do Sol, entre as sonoras
    Ondulações e brumas do Mistério.

Surges, talvez, do fundo de umas eras
De doloroso e turvo labirinto,
Quando se esgota o vinho das Quimeras
E os venenos românticos do absinto.

    Apareces por sonhos neblinantes
    Com requintes de graça e nervosismos,

---

[1] Tipo de instrumento oriental.

Fulgores flavos de festins flamantes,
Como a Estrela Polar dos Simbolismos.

Num enlevo supremo eu sinto, absorto,
Os teus maravilhosos e esquisitos
Tons siderais de um astro rubro e morto,
Apagado nos brilhos infinitos.

O teu perfil todo o meu ser esmalta
Numa auréola imortal de formosuras
E parece que rútilo ressalta
De góticos missais de iluminuras.

Ressalta com a dolência das Imagens,
Sem a forma vital, a forma viva,
Com os segredos da Lua nas paisagens
E a mesma palidez meditativa.

Nos êxtases dos místicos os braços
Abro, tentado da carnal beleza...
E cuido ver, na bruma dos espaços,
De mãos postas, a orar, Santa Tereza!...

Lembranças apagadas

Outros, mais do que o meu, finos olfatos,
Sintam aquele aroma estranho e belo
Que tu, ó Lírio lânguido, singelo,
Guardaste nos teus íntimos recatos.

    Que outros se lembrem dos sutis e exatos
    Traços, que hoje não lembro e não revelo
    E se recordem, com profundo anelo,
    Da tua voz de siderais contatos...

Mas eu, para lembrar mortos encantos,
Rosas murchas de graças e quebrantos,
Linhas, perfil e tanta dor saudosa.

    Tanto Martírio, tanta mágoa e pena,
    Precisaria de uma luz serena,
    De uma luz imortal maravilhosa!...

SUPREMO DESEJO

Eternas, imortais origens vivas
Da Luz, do Aroma, segredantes vozes
Do mar e luares de contemplativas,
Vagas visões volúpicas, velozes...

    Aladas alegrias sugestivas
    De asa radiante e branca de albornozes,
    Tribos gloriosas, fúlgidas, altivas,
    De condores e de águias e albatrozes...

Espiritualizai nos Astros louros,
Do sol entre os clarões imorredouros
Toda esta dor que na minh'alma clama...

    Quero vê-la subir, ficar cantando
    Na chama das Estrelas, dardejando
    Nas luminosas sensações da chama.

SONATA

I

Do imenso Mar maravilhoso, amargos,
Marulhosos murmurem compungentes
Cânticos virgens de emoções latentes,
Do sol nos mornos, mórbidos letargos...

II

Canções, leves canções de gondoleiros,
Canções do Amor, nostálgicas baladas,
Cantai com o Mar, com as ondas esverdeadas,
De lânguidos e trêmulos nevoeiros!

III

Tritões marinhos, belos deuses rudes,
Divindades dos tártaros abismos,
Vibrai, com os verdes e acres electrismos
Das vagas, flautas e harpas e alaúdes!

IV

Ó Mar supremo, de fragrância crua,
De pomposas e de ásperas realezas,
Cantai, cantai os tédios e as tristezas
Que erram nas frias solidões da Lua...

Majestade Caída

Esse cornoide deus funambulesco
Em torno ao qual as Potestades rugem;
Lembra os trovões, que tétricos estrugem,
No riso alvar de truão carnavalesco.

De ironias o momo picaresco
Abre-lhe a boca e uns dentes de ferrugem,
Verdes gengivas de ácida salsugem[1]
Mostra e parece um Sátiro dantesco.

Mas ninguém nota as cóleras horríveis,
Os chascos, os sarcasmos impassíveis
Dessa estranha e tremenda Majestade.

Do torvo deus hediondo, atroz, nefando,
Senil, que embora rindo, está chorando
Os Noivados em flor da Mocidade!

---

[1] Qualidade do que é salgado.

INCENSOS

Dentre o chorar dos trêmulos violinos,
Por entre os sons dos órgãos soluçantes
Sobem nas catedrais os neblinantes
Incensos vagos, que recordam hinos...

    Rolos de incensos alvadios, finos
    E transparentes, fúlgidos, radiantes,
    Que elevam-se aos espaços, ondulantes,
    Em Quimeras e Sonhos diamantinos.

Relembrando turíbulos de prata
Incensos aromáticos desata
Teu corpo ebúrneo,[1] de sedosos flancos.

    Claros incensos imortais que exalam,
    Que lânguidas e límpidas trescalam
    As luas virgens dos teus seios brancos.

---

[1] Relativo ao marfim.

Luz dolorosa...

Fulgem da Luz os Viáticos serenos,
Brancas Extrema-Unções dos hostiários:
As Estrelas dos límpidos Sacrários
A nívea Lua sobre a paz dos fenos.

Há prelúdios e cânticos e trenos
Tristes, nos ares ermos, solitários...
E nos brilhos da Luz, vagos e vários,
Há dor, há luto, há convulsões, venenos...

Estranhas sensações maravilhosas
Percorrem pelos cálices das rosas,
Sensações sepulcrais de larvas frias...

Como que ocultas áspides flexíveis
Mordem da Luz os germes invisíveis
Com o tóxico das cóleras sombrias...

TORTURA ETERNA

Impotência cruel, ó vã tortura!
Ó Força inútil, ansiedade humana!
Ó círculos dantescos da loucura!
Ó luta, ó luta secular, insana!

    Que tu não possas, Alma soberana,
    Perpetuamente refulgir na Altura,
    Na Aleluia da Luz, na clara Hosana
    Do Sol, cantar, imortalmente pura.

Que tu não possas, Sentimento ardente,
Viver, vibrar nos brilhos do ar fremente,
Por entre as chamas, os clarões supernos.

    Ó Sons intraduzíveis, Formas, Cores!...
    Ah! que eu não possa eternizar as dores
    Nos bronzes e nos mármores eternos!

Faróis

Recolta de estrelas

(A Tibúrcio de Freitas)

Filho meu, de nome escrito
Da minh'alma no Infinito.

    Escrito a estrelas e sangue
    No farol da lua langue...

Das tuas asas serenas
Faz manto para estas penas.

    Dá-me a esmola de um carinho
    Como a luz de um claro vinho.

Com tua mão pequenina
Caminhos em flor me ensina.

    Com teu riso fresco e suave
    Oh! Dá-me do encanto a chave.

Do teu florão de inocência
Dá-me as rosas da Clemência.

    Como outro Jesus *bambino*,
    Esclarece-me o Destino.

Traz luz ao mundano pego
Onde sigo, mudo e cego...

    Com teus enleios e graça
    Nos meus cuidados perpassa.

Este peito acende, inflama
Na mais sacrossanta chama.

    Faz brotar nevados lírios
    Das cruzes dos meus martírios.

Dá-me um sol de estranho brilho,
Flor das lágrimas, meu filho.

    Rebento triste, orvalhado
    Com tanto pranto chorado.

Filho das ânsias, das ânsias;
Das misteriosas fragrâncias.

    Filho de aromas secretos
    E de desejos inquietos.

De suspiros anelantes
E impaciências clamantes.

    Filho meu, tesouro mago
    De todo este afeto vago...

Filho meu, torre mais alta
De onde o meu amor se exalta.

    Ânfora azul, de onde o incenso
    Dos sonhos se eleva denso.

Constelação flamejada
De toda esta vida ansiada.

    Crisol[1] onde lento, lento
    Purifico o Sentimento.

---

[1] Provação.

Íris curioso onde giro
E alucinado deliro.

    Signo dos signos extremos
    Destes tormentos supremos.

Órbita de astros onde pairo
E em febre de luz desvairo.

    Vertigem, vertigem viva
    Da paixão mais convulsiva.

Traz-me unção, traz-me concórdia
E paz e misericórdia.

    Do teu sorriso a frescura
    Rios de ouro abra, na Altura.

Abra, acenda labaredas,
Iluminando-me as quedas.

    Flor noturna da luxúria
    Brotada de haste purpúrea.

Dos teus olhos dadivosos
Escorram óleos preciosos...

    Óleos cândidos, dos mundos
    Maravilhosos, profundos.

Óleos virgens se derramem
E o meu viver embalsamem.

    Embalsamem de eloquentes,
    Celestes dons prefulgentes.

Para que eu possa com calma
Erguer os castelos da alma.

Para que eu durma tranquilo
Lá no sepulcral Sigilo.

Ó meu Filho, ó meu eleito
Deslumbramento perfeito.

Traz novo esplendor ao facho
Com que altos Mistérios acho.

Meu Filho, frágil e terno,
Socorre-me do atro Inferno.

Onde vibram gládios duros
Por ergástulos[2] escuros.

E cruzam flamíneas, fortes,
Negras vidas, negras mortes.

Onde tecem Satanases
Sete círculos vorazes...

1º de outubro de 1895

---

[2] Prisão; miséria.

RECORDA

Quando a onda dos desejos inquietantes,
    Que do peito transborda,
Morrer, enfim, nas amplidões distantes,
    Recorda-te, recorda...

    Revive dessa música já finda
        Que nas estrelas dorme.
    Volta-te ao mundo sedutor ainda
        Da ilusão multiforme!

Volta, recorda eternamente, volta
    Aos faróis da Esperança,
Do Sonho estranho as grandes asas solta
    À celeste Bonança.

    Recorda mágoas, lágrimas e risos
        E soluços e anseios...
    Revive dos nevoeiros indecisos
        E dos vãos devaneios.

Revive! Goza! Desolado, embora,
    Sorrindo e soluçando,
Erguendo os véus de já passada aurora,
    Recordando e sonhando...

    Cada alma tem seu íntimo recato
        Numa estrela perdida
    E cada coração intemerato
        Tem na estrela uma vida.

Aplica o ouvido à correnteza fria
    Dos golfões da matéria
E recorda de que lama sombria
    É composta a miséria.

    Recorda! Sonha! Nas estrelas erra,
        Beduíno do Espaço
    Aos sonhos brancos, que não são da Terra,
        Dá, sorrindo, o teu braço...

Dá o teu braço, pelos céus sorrindo
    E recordando parte
E hás de entender os claros céus, sentindo
    Que andas a recordar-te.

    Bate à porta dos Astros solitários
        Dos eternos Fulgores,
    Em busca desses mortos visionários,
        Almas de sonhadores.

Ah! volta à infância dos primeiros beijos,
    Dos momentos sidéreos,
Volta à sede dos últimos desejos,
    Dos primeiros mistérios!

    Ah! volta aos desenganos primitivos,
        Volta à essência dos anos,
    Volta aos espectros tristemente vivos,
        Ah! volta aos desenganos!

Volta aos serenos, flóridos oásis,
    Volta aos hinos profundos,
Volta às eflorescências dos Lilases,
    Volta, volta a esses mundos!

Fique na Sombra e no Silêncio d'alma
    Todo o teu ser dolente;
Para tranquilo, com ternura e calma,
    Recordar docemente...

Na Sombra então e no Silêncio denso,
    Como em mágicas plagas,
Faz acender o lampadário imenso
    Das Recordações vagas...

    Pousa a cabeça, meigamente pousa
        Nesse augusto Quebranto
    E nem da Terra a mais ligeira cousa
        Te desperte do Encanto.

Para o Amor, para a Dor e para o Sonho
    Nas Esferas transborda...
E entre um soluço e um segredo risonho
    Recorda-te, recorda...

Canção do Bêbedo

Na lama e na noite triste
Aquele bêbedo ri!
Tua alma velha onde existe?
Quem se recorda de ti?

    Por onde andam teus gemidos,
    Os teus noctâmbulos ais?
    Entre os bêbedos perdidos
    Quem sabe do teu — jamais?

Por que é que ficas à lua
Contemplativo, a vagar?
Onde a tua noiva nua
Foi tão depressa a enterrar?

    Que flores de graça doente
    Tua fronte vem florir
    Que ficas amargamente
    Bêbedo, bêbedo a rir?

Que vês tu nessas jornadas?
Onde está o teu jardim
E o teu palácio de fadas,
Meu sonâmbulo arlequim?

    De onde trazes essa bruma,
    Toda essa névoa glacial
    De flor de lânguida espuma,
    Regada de óleo mortal?

Que soluço extravagante,
Que negro, soturno fel
Põe no teu ser doudejante
A confusão da Babel?

    Ah! das lágrimas insanas
    Que ao vinho misturas bem,
    Que de visões sobre-humanas
    Tu'alma e teus olhos têm!

Boca abismada de vinho,
Olhos de pranto a correr,
Bendito seja o carinho
Que já te faça morrer!

    Sim! Bendita a cova estreita
    Mais larga que o mundo vão,
    Que possa conter direita
    A noite do teu caixão!

A FLOR DO DIABO

Branca e floral como um jasmim do Cabo
Maravilhosa ressurgiu um dia
A fatal Criação do fulvo Diabo,
Eleita do pecado e da Harmonia.

    Mais do que tudo tinha um ar funesto,
    Embora tão radiante e fabulosa.
    Havia sutilezas no seu gesto
    De recordar uma serpente airosa,

Branca, surgindo das vermelhas chamas
Do Inferno inquisidor corrupto e langue,
Ela lembrava, Flor de excelsas famas,
A Via-Láctea sobre um mar de sangue.

    Foi num momento de saudade e tédio,
    De grande tédio e singular Saudade,
    Que o Diabo, já das culpas sem remédio,
    Para formar a egrégia majestade,

Gerou, da poeira quente das areias
Das praias infinitas do Desejo,
Essa langue sereia das sereias,
Desencantada com o calor de um beijo.

    Sobre galpões de sonho os seus palácios
    Tinham bizarros e galhardos luxos.
    Mais grave de eloquência que os Horácios,
    Vivia a vida dos perfeitos bruxos.

Sono e preguiça, mais preguiça e sono,
Luxúrias de nababo e mais luxúrias,
Moles coxins de lânguido abandono
Por entre estranhas florações purpúreas.

    Às vezes, sob o luar, nos rios mortos,
    Na vaga ondulação dos lagos frios,
    Boiavam diabos de chavelhos tortos,
    E de vultos macabros, fugidios.

A lua dava sensações inquietas
Às paisagens avérnicas em torno
E alguns demônios com perfis de ascetas
Dormiam no luar um sono morno...

    Foi por horas de Cisma, horas etéreas
    De magia secreta e triste, quando
    Nas lagoas letíficas, sidéreas,
    O cadáver da lua vai boiando...

Foi numa dessas noites taciturnas
Que o velho Diabo, sábio dentre os sábios,
Desencantando o seu poder das furnas,
Com o riso augusto a flamejar nos lábios,

    Formou a flor de encantos esquisitos
    E de essências esdrúxulas e finas,
    Pondo nela oscilantes infinitos
    De vaidades e graças femininas.

E deu-lhe a quintessência dos aromas,
Sonoras harpas de alma, extravagâncias,
Pureza hostial e púbere de pomas,
Toda a melancolia das distâncias...

Para haver mais requinte e haver mais viva,
Doce beleza e original carícia,
Deu-lhe uns toques ligeiros de ave esquiva
E uma auréola secreta de malícia.

Mas hoje o Diabo, já senil, já fóssil,
Da sua criação desiludido,
Perdida a antiga ingenuidade dócil,
Chora um pranto noturno de Vencido.

Como do fundo de vitrais, de frescos
De góticas capelas isoladas,
Chora e sonha com mundos pitorescos,
Na nostalgia das Regiões Sonhadas.

As estrelas

Lá, nas celestes regiões distantes,
No fundo melancólico da Esfera,
Nos caminhos da eterna Primavera
Do amor, eis as estrelas palpitantes.

    Quantos mistérios andarão errantes,
    Quantas almas em busca de Quimera,
    Lá, das estrelas nessa paz austera
    Soluçarão, nos altos céus radiantes,

Finas flores de pérolas e prata,
Das estrelas serenas se desata
Toda a caudal das ilusões insanas.

    Quem sabe, pelos tempos esquecidos,
    Se as estrelas não são os ais perdidos
    Das primitivas legiões humanas?!

Pandemonium

(A Maurício Jubim)

Em fundo de tristeza e de agonia
O teu perfil passa-me noite e dia.

    Aflito, aflito, amargamente aflito,
    Num gesto estranho que parece um grito.

E ondula e ondula e palpitando vaga,
Como profunda, como velha chaga.

    E paira sobre ergástulos e abismos
    Que abrem as bocas cheias de exorcismos.

Com os olhos vesgos, a flutuar de esguelha,
Segue-te atrás uma visão vermelha.

    Uma visão gerada do teu sangue
    Quando no Horror te debateste exangue.

Uma visão que é tua sombra pura
Rodando na mais trágica tortura.

    A sombra dos supremos sofrimentos
    Que te abalaram como negros ventos.

E a sombra as tuas voltas acompanha
Sangrenta, horrível, assombrosa, estranha.

E o teu perfil no vácuo perpassando
Vê rubros caracteres flamejando.

Vê rubros caracteres singulares
De todos os festins de Baltazares.

Por toda a parte escrito em fogo eterno:
Inferno! Inferno! Inferno! Inferno! Inferno!

E os emissários espectrais das mortes
Abrindo as grandes asas flamifortes...

E o teu perfil oscila, treme, ondula,
Pelos abismos eternais circula...

Circula e vai gemendo e vai gemendo
E suspirando outro suspiro horrendo.

E a sombra rubra que te vai seguindo
Também parece ir soluçando e rindo.

Ir soluçando, de um soluço cavo
Que dos venenos traz o torvo travo.[1]

Ir soluçando e rindo entre vorazes
Satanismos diabólicos, mordazes.

E eu já nem sei se é realidade ou sonho
Do teu perfil o divagar medonho.

Não sei se é sonho ou realidade todo
Esse acordar de chamas e de lodo.

Tal é a poeira extrema confundida
Da morte a raios de ouro de outra Vida.

---

[1] Amargor.

Tais são as convulsões do último arranco
Presas a um sonho celestial e branco.

Tais são os vagos círculos inquietos
Dos teus giros de lágrimas secretos.

Mas, de repente, eis que te reconheço,
Sinto da tua vida o amargo preço.

Eis que te reconheço escravizada,
Divina Mãe, na Dor acorrentada.

Que reconheço a tua boca presa
Pela mordaça de uma sede acesa.

Presa, fechada pela atroz mordaça
Dos fundos desesperos da Desgraça.

Eis que lembro os teus olhos visionários
Cheios do fel de bárbaros Calvários.

E o teu perfil asas abrir parece
Para outra Luz onde ninguém padece...

Com doçuras feéricas e meigas
De Satãs juvenis, ao luar, nas veigas.[2]

E o teu perfil forma um saudoso vulto
Como de Santa sem altar, sem culto.

Forma um vulto saudoso e peregrino
De força que voltou ao seu destino.

De ser humano, que sofrendo tanto,
Purificou-se nos Azuis do Encanto.

---

[2] Várzea; planície cultivada.

Subiu, subiu e mergulhou sozinho,
Desamparado, no letal caminho.

Que lá chegou transfigurado e aéreo,
Com os aromas das flores do Mistério.

    Que lá chegou e as mortas portas mudas
    Fez abalar de imprecações agudas...

E vai e vai o teu perfil ansioso,
De ondulações fantásticas, brumoso.

    E vai perdido e vai perdido, errante,
    Trêmulo, triste, vaporoso, ondeante.

Vai suspirando, num suspiro vivo
Que palpita nas sombras incisivo...

    Um suspiro profundo, tão profundo
    Que arrasta em si toda a paixão do mundo.

Suspiro de martírio, de ansiedade,
De alívio, de mistério, de saudade.

    Suspiro imenso, aterrador e que erra
    Por tudo e tudo eternamente aterra...

O *pandemonium* de suspiros soltos
Dos condenados corações revoltos:

    Suspiro de suspiros ansiados
    Que rasgam peitos de dilacerados.

E mudo e pasmo e compungido e absorto,
Vendo o teu lento e doloroso giro,
Fico a cismar qual é o rio morto
Onde vai divagar esse suspiro.

Envelhecer

Flor de indolência, fina e melindrosa,
Cativante sereia da esperança,
Cedo tiveste a crença dolorosa
De quanto a vida é velha e como cansa...

    Na lânguida, na morna morbideza
    Do teu amargo e triste celibato,
    Tu te fechaste para a Natureza
    Como a lua no célico[1] recato.

No fundo delicado dos teus seios
Foste esconder os sentimentos vagos,
E todos os dolentes devaneios
Das estrelas sonhando à flor dos lagos.

    Todas as altas celas de ouro e prata
    De teu claustro de Virgem sem afeto
    Fecharam sobre tu'alma timorata[2]
    Austeras portas, com fragor secreto.

No entanto havia no teu corpo ondeante
As delícias sutis de um céu fugace...
E era talvez o encanto mais picante
A graça aldeã do teu nariz rapace.

    Teus olhos tinham certa mágoa nobre
    E certo fundo de doirado abismo

---

[1] Celeste.
[2] Tímida; temerosa.

E a malícia que logo se descobre
Em olhos de felino narcotismo.

Mas na boca trazias todo o oculto
Toque sombrio de ironia grave...
E como que as belezas do teu vulto
Abriam asas peregrinas de ave.

    Tinhas na boca esse elixir ardente
    Da volúpia mortal dos gozos e essa
    Chama de boca, feita unicamente
    Para no gozo envelhecer depressa.

E envelheceste tanto, muito cedo,
Sumiu-se tão depressa o teu encanto,
Foi tão falaz o sedutor segredo
Do teu carnal e lânguido quebranto!

    Envelheceste para os vãos idílios,
    Para os estranhos estremecimentos,
    Para os brilhos iriantes dos teus cílios
    E para os sepulcrais esquecimentos.

Envelheceste para os vãos amores,
E para os olhos, para as mãos que abrias
Como dois talismãs de brancas flores
E de leves e doces harmonias...

    Presa, sem ar, sem sol, crepusculada
    No celibato que não tem perfume
    De todo envelheceste abandonada,
    Já como um ser que não provoca ciúme.

Envelhecer é reduzir a vida
A sentimentos de tristeza austera,
Enclausurá-la numa grave ermida
De luto e de silêncio sem quimera.

E envelhecer na juventude flórea,
Do celibato emurchecido lírio,
É ficar sob os pálios da ilusória
Melancolia, como a luz de um círio...

Envelhecer assim, virgem e forte,
É cerrar contra o mundo a rósea porta
Do Amor e apenas esperar a Morte,
A alma já muda, há muito tempo morta.

Envelheces de tédio, de cansaço,
De ilusões e de cismas e de penas,
Como envelhece no celeste espaço
O turbilhão das estrelas serenas.

O Amor os corações fez interditos
Ao teu magoado coração cativo
E apagou-te os sublimes infinitos
Do teu clarão fecundador e vivo.

Hoje envelheces na clausura imensa,
Dentro de um sonho pálido feneces.
Tua beleza veste névoa densa,
Em surdinas e sombras envelheces.

De pranto e luar, num desolado misto,
Cai a noite na tua puberdade
E como a Rediviva do Imprevisto,
Erras e sonhas pela Eternidade!

FLORES DA LUA

Brancuras imortais da Lua Nova
Frios de nostalgia e sonolência...
Sonhos brancos da Lua e viva essência
Dos fantasmas noctívagos da Cova.

    Da noite a tarda e taciturna trova
    Soluça, numa trêmula dormência...
    Na mais branda, mais leve florescência
    Tudo em Visões e Imagens se renova.

Mistérios virginais dormem no Espaço,
Dormem o sono das profundas seivas,
Monótono, infinito, estranho e lasso...

    E das Origens na luxúria forte
    Abrem nos astros, nas sidéreas leivas
    Flores amargas do palor[1] da Morte.

---

[1] Palidez.

TÉDIO

Vala comum de corpos que apodrecem,
    Esverdeada gangrena
Cobrindo vastidões que fosforescem
    Sobre a esfera terrena.

    Bocejo torvo de desejos turvos,
        Languescente bocejo
    De velhos diabos de chavelhos curvos
        Rugindo de desejo.

Sangue coalhado, congelado, frio,
    Espasmado nas veias...
Pesadelo sinistro de algum rio
    De sinistras sereias...

    Alma sem rumo, a modorrar de sono,
        Mole, túrbida,[1] lassa
    Monotonias lúbricas de um mono
        Dançando numa praça...

Mudas epilepsias, mudas, mudas,
    Mudas epilepsias,
Masturbações mentais, fundas, agudas,
    Negras nevrostenias.

---

[1] Sombria; inquietante.

Flores sangrentas do soturno vício
    Que as almas queima e morde...
Música estranha de letal suplício,
    Vago, mórbido acorde...

Noite cerrada para o Pensamento,
    Nebuloso degredo
Onde em cavo clangor surdo do vento
    Rouco prageja o medo.

    Plaga vencida por tremendas pragas,
        Devorada por pestes,
    Esboroada[2] pelas rubras chagas
        Dos incêndios celestes.

Sabor de sangue, lágrimas e terra
    Revolvida de fresco,
Guerra sombria dos sentidos, guerra,
    Tantalismo dantesco.

    Silêncio carregado e fundo e denso
        Como um poço secreto,
    Dobre pesado, carrilhão imenso
        Do segredo inquieto...

Florescência do Mal, hediondo parto
    Tenebroso do crime,
Pandemonium feral de ventre farto
    Do Nirvana sublime.

    Delírio contorcido, convulsivo
        De felinas serpentes,
    No silamento e no mover lascivo
        Das caudas e dos dentes.

---

[2] Desfazer; reduzir.

Porco lúgubre, lúbrico, trevoso
    Do tábido[3] pecado,
Fuçando colossal, formidoloso
    Nos lodos do passado.

    Ritmos de forças e de graças mortas,
        Melancólico exílio,
    Difusão de um mistério que abre portas
        Para um secreto idílio...

Ócio das almas ou requinte delas,
    Quintessências, velhices
De luas de nevroses amarelas,
    Venenosas meiguices.

    Insônia morna e doente dos Espaços,
        Letargia funérea,
    Vermes, abutres a corroer pedaços
        Da carne deletéria.

Um misto de saudade e de tortura,
    De lama, de ódio e de asco,
Carnaval infernal da Sepultura,
    Risada do carrasco.

    Ó tédio amargo, ó tédio dos suspiros,
        Ó tédio de ansiedades!
    Quanta vez eu não subo nos teus giros
        Fundas eternidades!

Quanta vez envolvido do teu luto
    Nos sudários profundos
Eu, calado, a tremer, ao longe, escuto
    Desmoronarem mundos!

---

[3] Corrupto.

Os teus soluços, todo o grande pranto,
Taciturnos gemidos,
Fazem gerar flores de amargo encanto
Nos corações doridos.

Tédio! que pões nas almas olvidadas
Ondulações de abismo
E sombras vesgas, lívidas, paradas,
No mais feroz mutismo!

Tédio do Réquiem do Universo inteiro,
Morbus negro, nefando,
Sentimento fatal e derradeiro
Das estrelas gelando...

Ó Tédio! Rei da Morte! Rei boêmio!
Ó Fantasma enfadonho!
És o sol negro, o criador, o gêmeo,
Velho irmão do meu sonho!

LÍRIO ASTRAL

Lírio astral, ó lírio branco,
    Ó lírio astral,
No meu derradeiro arranco
    Sê cordial!

    Perfuma de graça leve
        Ó meu final
    Com o doce perfume breve,
        Ó lírio astral!

Dá-me esse óleo sacrossanto,
    Todo o caudal
Do óleo casto do teu pranto,
    Ó lírio astral!

    Traz-me o alívio dos alívios,
        Ó virginal,
    Ó lírio dos lírios níveos,
        Ó lírio astral!

Dentre as sonatas da lua
    Celestial,
Lírio, vem lírio, flutua,
    Ó lírio astral!

    Dos raios das noites de ouro
        Do Roseiral,
    Do constelado tesouro,
        Ó lírio astral!

Desprende o fino perfume
    Etereal
E vem do celeste lume,
    Ó lírio astral!

    Da maviosa suavidade
        Do céu floral
    Traz a meiga claridade,
        Ó lírio astral!

Que bendita e sempre pura
    E divinal
Seja-me a tua frescura,
    Ó lírio astral!

    Que ela, enfim, me transfigure,
        Na hora fatal
    E os meus sentidos apure,
        Ó lírio astral!

Que tudo que me é avaro
    De luz vital,
Nessa hora se torne claro,
    Ó lírio astral!

    Que portas de astros, rasgadas
        Num céu lirial,
    Eu veja desassombradas,
        Ó lírio astral!

Que eu possa, tranquilo, vê-las,
    Limpo do mal,
Essas mil portas de estrelas,
    Ó lírio astral!

E penetrar nelas, calmo,
    Na paz mortal
Como um davídico salmo,
    Ó lírio astral!

Vento velho que soluça
    Meu Sonho ideal,
No Infinito se debruça,
    Ó lírio astral!

    Por isso, lá, no Momento,
        Na hora letal,
    Perfuma esse velho vento
        Ó lírio astral!

Traz a graça do Infinito,
    Graça imortal,
Ao velho Sonho proscrito,
    Ó lírio astral!

    Adoça-me o derradeiro
        Sonho feral,
    Ó lírio do astral Cruzeiro,
        Ó lírio astral!

Se, ó Lírio, ó doce Lírio
    De luz boreal,
Na morte o meu claro círio,
    Ó lírio astral!

    Perfuma, Lírio, perfuma,
        Na hora glacial,
    Meu Sonho de Sol, de Bruma,
        Ó lírio astral!

Que eu suba na tua essência
          Sacramental
Para a excelsa Transcendência,
          Ó lírio astral!

          E lá, nas Messes divinas,
                    Paire, eternal,
          Nas Esferas cristalinas,
                    Ó lírio astral!

Sem esperança

Ó cândidos fantasmas da Esperança,
Meigos espectros do meu vão Destino,
Volvei a mim nas leves ondas do Hino
Sacramental da Bem-aventurança.

    Nas veredas da vida a alma não cansa
    De vos buscar pelo Vergel[1] divino
    Do céu sempre estrelado e diamantino
    Onde toda a alma no Perdão descansa.

Na volúpia da dor que me transporta,
Que este meu ser transfunde nos Espaços,
Sinto-te longe, ó Esperança morta.

    E em vão alongo os vacilantes passos
    À procura febril da tua porta,
    Da ventura celeste dos teus braços.

---

[1] Pomar; horto.

CAVEIRA

I

Olhos que foram olhos, dois buracos
Agora, fundos, no ondular da poeira...
Nem negros, nem azuis e nem opacos.
Caveira!

II

Nariz de linhas, correções audazes,
De expressão aquilina e feiticeira,
Onde os olfatos virginais, falazes?!
Caveira! Caveira!!

III

Boca de dentes límpidos e finos,
De curva leve, original, ligeira,
Que é feito dos teus risos cristalinos?!
Caveira! Caveira!! Caveira!!!

Réquiem do sol

Águia triste do Tédio, sol cansado,
Velho guerreiro das batalhas fortes!
Das ilusões as trêmulas coortes
Buscam a luz do teu clarão magoado...

    A tremenda avalanche do Passado
    Que arrebatou tantos milhões de mortes
    Passa em tropel de trágicos Mavortes
    Sobre o teu coração ensanguentado...

Do alto dominas vastidões supremas,
Águia do Tédio presa nas algemas
Da Legenda imortal que tudo engelha...

    Mas lá, na Eternidade de onde habitas,
    Vagam finas tristezas infinitas,
    Todo o mistério da beleza velha!

Esquecimento

Ó Estrelas tranquilas, esquecidas
    No seio das Esferas,
Velhos bilhões de lágrimas, de vidas,
    Refulgentes Quimeras.

    Astros que recordais infâncias de ouro,
        Castidades serenas,
    Irradiações de mágico tesouro,
        Aromas de açucenas.

Rosas de luz do céu resplandecente,
    Ó Estrelas divinas,
Sereias brancas da região do Oriente,
    Ó Visões peregrinas!

    Aves de ninhos de frouxéis de prata
        Que cantais no Infinito
    As Letras da Canção intemerata
        Do Mistério bendito.

Turíbulos de graça e encantamento
    Das sidéreas umbelas,
Desvendai-me as Mansões do Esquecimento
    Radiantes sentinelas.

    Dizei que palidez de mortos lírios
        Há por estas estradas
    E se terminam todos os martírios
        Nas brumas encantadas.

Se nessas brumas encantadas choram
    Os anseios da Terra,
Se os lírios mortos que há por lá se auroram
    De púrpuras de guerra.

    Se as que há por cá, titânicas cegueiras,
        Atordoadas vitórias,
    Embebedam os seres nas poncheiras
        E no gozo das glórias.

O céu é o berço das estrelas brancas
    Que dormem de cansaço...
E das almas olímpicas e francas
    O ridente regaço...

    Só ele sabe, o claro céu tranquilo
        Dos grandes resplendores,
    Qual é das almas o eternal sigilo,
        Qual o cunho das cores.

Só ele sabe, o céu das quintessências,
    O Esquecimento ignoto
Que tudo envolve nas letais diluências
    De um ocaso remoto...

    O Esquecimento é flor sutil, celeste,
        De palidez risonha.
    A alma das cousas languemente veste
        De um véu, como quem sonha.

Tudo no esquecimento se adelgaça...
    E nas zonas de tudo,
Na candura de tudo, extremo, passa
    Certo mistério mudo.

Como que o coração fica cantando
Porque, trêmulo, esquece,
Vivendo a vida de quem vai sonhando
E no sonho estremece...

Como que o coração fica sorrindo
De um modo grave e triste,
Languidamente a meditar, sentindo
Que o esquecimento existe.

Sentindo que um encanto etéreo e mago,
Mas um lívido encanto,
Põe nos semblantes um luar mais vago,
Enche tudo de pranto.

Que um concerto de súplicas, de mágoa,
De martírios secretos,
Vai os olhos tornando rasos de água
E turvando os objetos...

Que um soluço cruel, desesperado
Na garganta rebenta...
Enquanto o Esquecimento alucinado
Move a sombra nevoenta!

Ó rio roxo e triste, ó rio morto,
Ó rio roxo, amargo...
Rio de vãs melancolias de Horto
Caídas do céu largo!

Rio do esquecimento tenebroso,
Amargamente frio,
Amargamente sepulcral, lutuoso,
Amargamente rio!

Quanta dor nessas ondas que tu levas,
    Nessas ondas que arrastas,
Quanto suplício nessas tuas trevas,
    Quantas lágrimas castas!

    Ó meu verso, ó meu verso, ó meu orgulho,
        Meu tormento e meu vinho,
    Minha sagrada embriaguez e arrulho
        De aves formando ninho.

Verso que me acompanhas no Perigo
    Como lança, preclara,
Que este peito defende do inimigo
    Por estrada tão rara!

    Ó meu verso, ó meu verso soluçante,
        Meu segredo e meu guia,
    Tem dó de mim lá no supremo instante
        Da suprema agonia.

Não te esqueças de mim, meu verso insano,
    Meu verso solitário,
Minha terra, meu céu, meu vasto oceano,
    Meu templo, meu sacrário.

    Embora o esquecimento vão dissolva
        Tudo, sempre, no mundo,
    Verso! que ao menos o meu ser se envolva
        No teu amor profundo!

Esquecer é andar entre destroços
    Que além se multiplicam,
Sem reparar na lividez dos ossos
    Nem nas cinzas que ficam...

    É caminhar por entre pesadelos,
        Sonâmbulo perfeito,
    Coberto de nevoeiros e de gelos,
        Com certa ânsia no peito.

Esquecer é não ter lágrimas puras,
　　　Nem asas para beijos
Que voem procurando sepulturas
　　　E queixas e desejos!

　　　Esquecimento! eclipse de horas mortas,
　　　　　　Relógio mudo, incerto,
　　　Casa vazia... de cerradas portas,
　　　　　　Grande vácuo, deserto.

Cinza que cai nas almas, que as consome,
　　　Que apaga toda a flama,
Infinito crepúsculo sem nome,
　　　Voz morta à voz que a chama.

　　　Harpa da noite; irmã do Imponderável,
　　　　　　De sons langues e enfermos,
　　　Que Deus com o seu mistério formidável
　　　　　　Faz calar pelos ermos.

Solidão de uma plaga extrema e nua,
　　　Onde trágica e densa
Chora seus lírios virginais a lua
　　　Lividamente imensa.

　　　Silêncio dos silêncios sugestivos,
　　　　　　Grito sem eco, eterno
　　　Sudário dos Azuis contemplativos,
　　　　　　Florescência do Inferno.

Esquecimento! Fluido estranho, de ânsias,
　　　De negra majestade,
Soluço nebuloso das Distâncias
　　　Enchendo a Eternidade!

Violões que choram...

Ah! plangentes violões dormentes, mornos,
Soluços ao luar, choros ao vento...
Tristes perfis, os mais vagos contornos,
Bocas murmurejantes de lamento.

    Noites de além, remotas, que eu recordo,
    Noites da solidão, noites remotas
    Que nos azuis da Fantasia bordo,
    Vou constelando de visões ignotas.

Sutis palpitações à luz da lua,
Anseio dos momentos mais saudosos,
Quando lá choram na deserta rua
As cordas vivas dos violões chorosos.

    Quando os sons dos violões vão soluçando,
    Quando os sons dos violões nas cordas gemem,
    E vão dilacerando e deliciando,
    Rasgando as almas que nas sombras tremem.

Harmonias que pungem, que laceram,
Dedos nervosos e ágeis que percorrem
Cordas e um mundo de dolências geram;
Gemidos, prantos, que no espaço morrem...

    E sons soturnos, suspiradas mágoas,
    Mágoas amargas e melancolias,
    No sussurro monótono das águas,
    Noturnamente, entre ramagens frias.

Vozes veladas, veludosas vozes,
Volúpias dos violões, vozes veladas,
Vagam nos velhos vórtices velozes
Dos ventos, vivas, vãs, vulcanizadas.

   Tudo nas cordas dos violões ecoa
   E vibra e se contorce no ar, convulso...
   Tudo na noite, tudo clama e voa
   Sob a febril agitação de um pulso.

Que esses violões nevoentos e tristonhos
São ilhas de degredo atroz, funéreo,
Para onde vão, fatigadas do sonho
Almas que se abismaram no mistério.

   Sons perdidos, nostálgicos, secretos,
   Finas, diluídas, vaporosas brumas,
   Longo desolamento dos inquietos
   Navios a vagar à flor de espumas.

Oh! languidez, languidez infinita,
Nebulosas de sons e de queixumes,
Vibrado coração de ânsia esquisita
E de gritos felinos de ciúmes!

   Que encantos acres nos vadios rotos
   Quando em toscos violões, por lentas horas
   Vibram, com a graça virgem dos garotos,
   Um concerto de lágrimas sonoras!

Quando uma voz, em trêmulos, incerta,
Palpitando no espaço, ondula, ondeia,
E o canto sobe para a flor deserta,
Soturna e singular da lua cheia.

   Quando as estrelas mágicas florescem,
   E no silêncio astral da Imensidade
   Por lagos encantados adormecem
   As pálidas ninfeias da Saudade!

Como me embala toda essa pungência,
Essas lacerações como me embalam,
Como abrem asas brancas de clemência
As harmonias dos violões que falam!

    Que graça ideal, amargamente triste,
    Nos lânguidos bordões plangendo[1] passa...
    Quanta melancolia de anjo existe
    Nas visões melodiosas dessa graça...

Que céu, que inferno, que profundo inferno,
Que ouros, que azuis, que lágrimas, que risos,
Quanto magoado sentimento eterno
Nesses ritmos trêmulos e indecisos...

    Que anelos sexuais de monjas belas
    Nas ciliciadas carnes tentadoras,
    Vagando no recôndito das celas,
    Por entre as ânsias dilaceradoras...

Quanta plebeia castidade obscura
Vegetando e morrendo sobre a lama,
Proliferando sobre a lama impura,
Como em perpétuos turbilhões de chama.

    Que procissão sinistra de caveiras,
    De espetros, pelas sombras mortas, mudas
    Que montanhas de dor, que cordilheiras
    De agonias aspérrimas e agudas.

Véus neblinosos, longos, véus de viúvas
Enclausuradas nos ferais[2] desterros,
Errando aos sóis, aos vendavais e às chuvas,
Sob abóbadas lúgubres de enterros;

---

[1] Chorar; lastimar.
[2] Fúnebre; lúgubre.

Velhinhas quedas e velhinhos quedos
Cegas, cegos, velhinhas e velhinhos,
Sepulcros vivos de senis segredos,
Eternamente a caminhar sozinhos;

E na expressão de quem se vai sorrindo,
Com as mãos bem juntas e com os pés bem juntos
E um lenço preto o queixo comprimindo,
Passam todos os lívidos defuntos...

    E como que há histéricos espasmos
    Na mão que esses violões agita, largos...
    E o som sombrio é feito de sarcasmos
    E de sonambulismos e letargos.

Fantasmas de galés de anos profundos
Na prisão celular atormentados,
Sentindo nos violões os velhos mundos
Da lembrança fiel de áureos passados;

    Meigos perfis de tísicos dolentes
    Que eu vi dentre os violões errar gemendo,
    Prostituídos de outrora, nas serpentes
    Dos vícios infernais desfalecendo;

Tipos intonsos, esgrouviados,[3] tortos,
Das luas tardas sob o beijo níveo,
Para os enterros dos seus sonhos mortos
Nas queixas dos violões buscando alívio;

    Corpos frágeis, quebrados, doloridos,
    Frouxos, dormentes, adormidos, langues,
    Na degenerescência dos vencidos
    De toda a geração, todos os sangues;

Marinheiros que o mar tornou mais fortes,
Como que feitos de um poder extremo

---

[3] Desgrenhado; maluco.

Para vencer a convulsão das mortes,
Dos temporais o temporal supremo;

    Veteranos de todas as campanhas,
    Enrugados por fundas cicatrizes,
    Procuram nos violões horas estranhas,
    Vagos aromas, cândidos, felizes.

    Ébrios antigos, vagabundos velhos,
    Torvos despojos da miséria humana,
    Têm nos violões secretos Evangelhos,
    Toda a Bíblia fatal da dor insana.

Enxovalhados, tábidos palhaços
De carapuças, máscaras e gestos
Lentos e lassos, lúbricos, devassos,
Lembrando a florescência dos incestos;

    Todas as ironias suspirantes
    Que ondulam no ridículo das vidas,
    Caricaturas tétricas e errantes
    Dos malditos, dos réus, dos suicidas;

Toda essa labiríntica nevrose
Das virgens nos românticos enleios,
Os ocasos do Amor, toda a clorose[4]
Que ocultamente lhes lacera os seios;

    Toda a mórbida música plebeia
    De requebros de faunos e ondas lascivas,
    A langue, mole e morna melopeia
    Das valsas alanceadas, convulsivas;

Tudo isso, num grotesco desconforme,
Em ais de dor, em contorções de açoites,
Revive nos violões, acorda e dorme
Através do luar das meias-noites!

---

[4] Anemia, que deixa a aparência de palidez e fraqueza.

Olhos do sonho

Certa noite soturna, solitária,
Vi uns olhos estranhos, que surgiam
Do fundo horror da terra funerária
Onde as visões sonâmbulas dormiam...

    Nunca tais olhos divisei acaso
    Com meus olhos mortais, alucinados...
    Nunca da terra neste leito raso
    Outros olhos eu vi transfigurados.

A luz que os revestia e alimentava
Tinha o fulgor das ardentias vagas,
Um demônio noctâmbulo espiava
De dentro deles como de ígneas[1] plagas.

    E os olhos caminhavam pela treva
    Maravilhosos e fosforescentes...
    Enquanto eu ia como um ser que leva
    Pesadelos fantásticos, trementes...

Na treva só os olhos, muito abertos
Seguiam para mim com majestade,
Um sentimento de cruéis desertos
Me apunhalava com atrocidade.

---

[1] Ardente; magmático.

Só os olhos eu via, só os olhos
Nas cavernas da treva destacando:
Faróis de augúrio nos ferais escolhos,
Sempre, tenazes, para mim olhando...

Sempre tenazes para mim, tenazes,
Sem pavor e sem medo, resolutos,
Olhos de tigres e chacais vorazes
No instante dos assaltos mais astutos.

    Só os olhos eu via! — o corpo todo
    Se confundia com o negror em volta...
    Ó alucinações fundas do lodo
    Carnal, surgindo em tenebrosa escolta!

E os olhos me seguiam sem descanso,
Numa perseguição de atras voragens,
Nos narcotismos dos venenos mansos,
Como dois mudos e sinistros pajens.

    E nessa noite em todo o meu percurso,
    Nas voltas vagas, vãs e vacilantes
    Do meu caminho, esses dois olhos de urso
    Lá estavam tenazes e constantes.

Lá estavam eles, fixamente eles,
Quietos, tranquilos, calmos e medonhos...
Ah! quem jamais penetrará naqueles
Olhos estranhos dos eternos sonhos!

Enclausurada

Ó Monja dos estranhos sacrifícios,
Meu amor imortal, Ave de garras
E asas gloriosas, triunfais, bizarras,
Alquebradas ao peso dos cilícios.

    Reclusa flor que os mais revéis flagícios
    Abalaram com as trágicas fanfarras,
    Quando em formas exóticas de jarras
    Teu corpo tinha a embriaguez dos vícios.

Para onde foste, ó graça das mulheres,
Graça viçosa dos vergéis de Ceres,
Sem que o meu pensamento te persiga?!

    Por onde eternamente enclausuraste
    Aquela ideal delicadeza de haste,
    De esbelta e fina ateniense antiga?!

Música da morte...

A música da Morte, a nebulosa,
Estranha, imensa música sombria,
Passa a tremer pela minh'alma e fria
Gela, fica a tremer, maravilhosa...

    Onda nervosa e atroz, onda nervosa,
    Letes[1] sinistro e torvo da agonia,
    Recresce a lancinante sinfonia,
    Sobe, numa volúpia dolorosa...

Sobe, recresce, tumultuando e amarga,
Tremenda, absurda, imponderada e larga,
De pavores e trevas alucina...

    E alucinando e em trevas delirando,
    Como um ópio letal, vertiginando,
    Os meus nervos, letárgica, fascina...

---

[1] Na Mitologia Grega, Lete é um dos rios do Hades e representa o esquecimento.

Monja negra

É teu todo esse espaço, é teu todo o Infinito,
Transcendente Visão das lágrimas nascida,
Bendito o teu sentir, para sempre bendito
Todo o teu divagar na Esfera indefinida!

    Através de teu luto as estrelas meditam
    Maravilhosamente e vaporosamente;
    Como olhos celestiais dos Arcanjos nos fitam
    Lá do fundo negror do teu luto plangente.

Almas sem rumo já, corações sem destino
Vão em busca de ti, por vastidões incertas...
E no teu sonho astral, mago e luciferino,
Encontram para o amor grandes portas abertas.

    Cândida Flor, que aroma e tudo purifica,
    Trazes sempre contigo as sutis virgindades
    E uma caudal preciosa, interminável, rica,
    De raras sugestões e curiosidades.

As belezas do mito, as grinaldas de louro,
Os priscos ouropéis, os símbolos já vagos,
Tudo forma o painel de um velho fundo de ouro
De onde surges enfim como as visões dos lagos.

    Certa graça cristã, certo excelso abandono
    De Deusa que emigrou de regiões de outrora,
    Certo aéreo sentir de esquecimento e outono,
    Trazem-te as emoções de quem medita e chora.

És o imenso crisol, és o crisol profundo
Onde se cristalizam todas as belezas,
És o néctar da Fé, de que eu melhor me inundo,
Ó néctar divinal das místicas purezas.

    Ó Monja soluçante! Ó Monja soluçante,
    Ó Monja do Perdão, da paz e da clemência,
    Leva para bem longe este Desejo errante,
    Desta febre letal toda a secreta essência.

Nos teus golfos de Além, nos lagos taciturnos,
Nos pélagos sem fim, vorazes e medonhos,
Abafa para sempre os soluços noturnos,
E as dilacerações dos formidáveis Sonhos!

    Não sei que Anjo fatal, que Satã fugitivo,
    Que gênios infernais, magnéticos, sombrios,
    Deram-te as amplidões e o sentimento vivo
    Do mistério com todos os seus calafrios...

A lua vem te dar mais trágica amargura,
E mais desolação e mais melancolia,
E as estrelas, do céu na Eucaristia pura,
Têm a mágoa velada da Virgem Maria.

    Ah! Noite original, noite desconsolada,
    Monja da solidão, espiritual e augusta,
    Onde fica o teu reino, a região vedada,
    A região secreta, a região vetusta?!

Almas dos que não têm o Refúgio supremo
De altas contemplações, dos mais altos mistérios,
Vinde sentir da Noite o Isolamento extremo,
Os fluidos imortais, angelicais, etéreos.

    Vinde ver como são mais castos e mais belos,
    Mais puros que os do dia os noturnos vapores:
    Por toda a parte no ar levantam-se castelos
    E nos parques do céu há quermesses de amores.

Volúpias, seduções, encantos feiticeiros
Andam a embalsamar teu seio tenebroso
E as águias da Ilusão, de voos altaneiros,
Crivam de asas triunfais o horizonte onduloso.

    Cavaleiros do Ideal, de erguida lança em riste,
    Sonham, a percorrer teus velhos Paços cavos...
    E esse nobre esplendor de majestade triste
    Recebe outros lauréis mais bizarros e bravos.

Convulsivas paixões, convulsivas nevroses,
Recordações senis nos teus aspectos vagam,
Mil alucinações, mortas apoteoses
E mil filtros sutis que mornamente embriagam.

    Ó grande Monja negra e transfiguradora,
    Magia sem igual dos páramos eternos,
    Quem assim te criou, selvagem Sonhadora,
    Da carícia de céus e do negror de infernos?

Quem auréolas te deu assim miraculosas
E todo o estranho assombro e todo o estranho medo,
Quem pôs na tua treva ondulações nervosas,
E mudez e silêncio e sombras e segredo?

    Mas ah! quanto consolo andar errando, errando,
    Perdido no teu Bem, perdido nos teus braços,
    Nos noivados da Morte andar além sonhando,
    Na unção sacramental dos teus negros Espaços!

Que glorioso troféu andar assim perdido
Na larga vastidão do mudo firmamento,
Na noite virginal ocultamente ungido,
Nas transfigurações de humano sentimento!

    Faz descer sobre mim os brandos véus da calma,
    Sinfonia da Dor, ó Sinfonia muda,
    Voz de todo o meu Sonho, ó noiva da minh'alma,
    Fantasma inspirador das Religiões de Buda.

Ó negra Monja triste, ó grande Soberana,
Tentadora Visão que me seduzes tanto,
Abençoa meu ser no teu doce Nirvana,
No teu Sepulcro ideal de desolado encanto!

    Hóstia negra e feral da comunhão dos mortos,
    Noite criadora, mãe dos gnomos, dos vampiros,
    Passageira senil dos encantados portos,
    Ó cego sem bordão da torre dos suspiros...

Abençoa meu ser, unge-o, dos óleos castos,
Enche-o de turbilhões de sonâmbulas aves,
Para eu me difundir nos teus Sacrários vastos,
Para me consolar com os teus Silêncios graves.

INEXORÁVEL

Ó meu Amor, que já morreste,
Ó meu Amor, que morta estás!
Lá nessa cova a que desceste,
Ó meu Amor, que já morreste,
Ah! nunca mais florescerás?!

    Ao teu esquálido esqueleto,
    Que tinha outrora de uma flor
    A graça e o encanto do amuleto;
    Ao teu esquálido esqueleto
    Não voltará novo esplendor?!

E ah! o teu crânio sem cabelos
Sinistro, seco, estéril, nu...
(Belas madeixas dos meus zelos!)
E ah! o teu crânio sem cabelos
Há de ficar como estás tu?!

    O teu nariz de asa redonda,
    De linhas límpidas, sutis
    Oh! há de ser na lama hedionda
    O teu nariz de asa redonda
    Comido pelos vermes vis?!

Os teus dois olhos — dois encantos —
De tudo, enfim, maravilhar,
Sacrário augusto dos teus prantos,
Os teus dois olhos — dois encantos
Em dois buracos vão ficar?!

A tua boca perfumosa,
O céu do néctar sensual,
Tão casta, fresca e luminosa,
A tua boca perfumosa
Vai ter o cancro sepulcral?!

As tuas mãos de nívea seda,
De veias cândidas e azuis
Vão se extinguir na noite treda
As tuas mãos de nívea seda,
Lá nesses lúgubres pauis?!

    As tuas tentadoras pomas[1]
    Cheias de um magnífico elixir,
    De quentes, cálidos aromas,
    As tuas tentadoras pomas,
    Ah! nunca mais hão de florir?!

A essência virgem da beleza,
O gesto, o andar, o sol da voz
Que Iluminava de pureza,
A essência virgem da beleza
Tudo acabou no horror atroz?!

    Na funda treva dessa cova,
    Na inexorável podridão
    Já te apagaste, Estrela nova,
    Na funda treva dessa cova
    Na negra Transfiguração!

---

[1] Seio; colo.

Réquiem

Como os salmos dos celestiais Evangelhos,
Os sonhos que eu amei hão de acabar,
Quando o meu corpo, trêmulo, dos velhos
Nos gelados outonos penetrar.

    O rosto encarquilhado e as mãos já frias,
    Engelhadas, convulsas, a tremer,
    Apenas viverei das nostalgias
    Que fazem para sempre envelhecer.

Por meus olhos sem brilho e fatigados
Como sombras de outrora, passarão
As ilusões de uns olhos constelados
Que da Vida douraram-me a Ilusão.

    Mas tudo, enfim, as bocas perfumosas,
    O mar, o campo e tudo quanto amei,
    As auroras, o sol, pássaros, rosas,
    Tudo rirá do estado a que cheguei.

Do brilho das estrelas cristalinas
Virá um riso irônico de dor,
E da minh'alma subirão neblinas,
Incensos vagos, cânticos de amor.

    Por toda a parte o amargo escárnio fundo;
    Sem já mais nada para mim florir,
    As risadas vandálicas do mundo
    Secos desdéns por toda a parte a rir.

Que hão de ser vãos esforços da memória
Para lembrar os tempos virginais,
As rugas da matéria transitória
Hão de lá estar como a dizer: — jamais!

    E hei de subir transfigurado e lento
    Altas montanhas cheias de visões,
    Onde gelaram, num luar nevoento
    Tantos e solitários corações.

Recordarei as íntimas ternuras,
De seres raros, porém mortos já,
E de mim, do que fui, pelas torturas
Deste viver pouco me lembrará.

    O mundo clamará sinistramente
    Daquele que a velhice alquebra e alui...
    Mas ah! por mais que clame toda a gente
    Nunca dirá o que de certo eu fui.

E os dias frios e ermos da Existência
Cairão num crepúsculo mortal,
Na soluçante, mística plangência
Dos órgãos de uma estranha catedral.

    Para me ungir no derradeiro e ansioso
    Olhar que a extrema comoção traduz,
    Sob o celeste pálio majestoso
    Hão de passar os Viáticos da luz.

VISÃO

Noiva de Satanás, Arte maldita,
Mago Fruto letal e proibido,
Sonâmbula do Além, do Indefinido,
Das profundas paixões, Dor infinita.

    Astro sombrio, luz amarga e aflita,
    Das Ilusões tantálico gemido,
    Virgem da Noite, do luar dorido,
    Com toda a tua Dor oh! sê bendita!

Seja bendito esse clarão eterno
De sol, de sangue, de veneno e inferno,
De guerra e amor e ocasos de saudade.

    Sejam benditas, imortalizadas
    As almas castamente amortalhadas
    Na tua estranha e branca Majestade!

Pressago

Nas águas daquele lago
Dormita a sombra de lago...

    Um véu de luar funéreo
    Cobre tudo de mistério...

Há um lívido abandono
Do luar no estranho sono.

    Transfiguração enorme
    Encobre o luar que dorme...

Dá meia-noite na ermida,
Como o último ai de uma vida.

    São badaladas nevoentas,
    Sonolentas, sonolentas...

Do céu no estrelado luxo
Passa o fantasma de um bruxo.

    No mar tenebroso e tetro
    Vaga de um náufrago o espetro.

Como fantásticos signos,
Erram demônios malignos.

    Na brancura das ossadas
    Gemem as almas penadas.

Lobisomens, feiticeiras
Gargalham no luar das eiras.

    Os vultos dos enforcados
    Uivam nos ventos irados.

Os sinos das torres frias
Soluçam hipocondrias.

    Luxúrias de virgens mortas
    Das tumbas rasgam as portas.

Andam torvos pesadelos
Arrepiando os cabelos.

    Coalha nos lodos abjetos
    O sangue roxo dos fetos.

Há rios maus, amarelos
De presságio de flagelos.

    Das vesgas concupiscências
    Saem vis fosforescências.

Os remorsos contorcidos
Mordem os ares pungidos.

    A alma cobarde de Judas
    Recebe expressões comudas.

Negras aves de rapina
Mostram a garra assassina.

    Sob o céu que nos oprime
    Languescem formas de crime.

Com os mais sinistros furores,
Saem gemidos das flores.

　　　　Caveiras! Que horror medonho!
　　　　Parecem visões de um sonho!

A morte com Sancho Pança,
Grotesca e trágica, dança.

　　　E como um símbolo eterno,
　　　Ritmos dos Ritmos do inferno,

No lago morto, ondulando,
Dentre o luar noctivagando,

　　　O corvo hediondo crocita
　　　Da sombra de lago maldita!

Ressurreição

Alma! Que tu não chores e não gemas,
    Teu amor voltou agora.
Ei-lo que chega das mansões extremas,
    Lá onde a loucura mora!

    Veio mesmo mais belo e estranho, acaso,
        Desses lívidos países.
    Mágica flor a rebentar de um vaso
        Com prodigiosas raízes.

Veio transfigurada e mais formosa
    Essa ingênua natureza,
Mais ágil, mais delgada, mais nervosa,
    Das essências da Beleza.

    Certo neblinamento de saudade
        Mórbida envolve-a de leve...
    E essa diluente espiritualidade
        Certos mistérios descreve.

O meu Amor voltou de aéreas curvas,
    Das paragens mais funestas...
Veio de percorrer torvas e turvas
    E funambulescas festas.

    As festas turvas e funambulescas
        Da exótica fantasia,
    Por plagas cabalísticas, dantescas,
        De estranha selvageria.

Onde carrascos de tremendo aspecto
    Como astros monstros circulam
E as meigas almas de sonhar inquieto
    Barbaramente estrangulam.

    Ele andou pelas plagas da loucura,
        O meu Amor abençoado,
    Banhado na poesia da Ternura,
        No meu Afeto banhado.

Andou! Mas afinal de tudo veio
    Mais transfigurado e belo,
Repousar no meu seio o próprio seio
    Que eu de lágrimas estrelo.

    De lágrimas de encanto e ardentes beijos,
        Para matar, triunfante,
    A sede ideal de místicos desejos
        De quando ele andou errante.

E lágrimas, que, enfim, caem ainda
    Com os mais acres dos sabores
E se transformam (maravilha infinda!)
    Em maravilhas de flores!

    Ah! que feliz um coração que escuta
        As origens de que é feito!
    E que não é nenhuma pedra bruta
        Mumificada no peito!

Ah! que feliz um coração que sente
    Ah! tudo vivendo intenso
No mais profundo borbulhar latente
    Do seu fundo foco imenso!

Sim! eu agora posso ter deveras
    Ironias sacrossantas...
Posso os braços te abrir, Luz das esferas,
    Que das trevas te levantas.

Posso mesmo já rir de tudo, tudo
    Que me devora e me oprime.
Voltou-me o antigo sentimento mudo
    Do teu olhar que redime.

Já não te sinto morta na minh'alma
    Como em câmara mortuária,
Naquela estranha e tenebrosa calma
    De solidão funerária.

Já não te sinto mais embalsamada
    No meu carinho profundo,
Nas mortalhas da Graça amortalhada,
    Como ave voando do mundo.

Não! não te sinto mortalmente envolta
    Na névoa que tudo encerra...
Doce espetro do pó da poeira solta
    Deflorada pela terra.

Não sinto mais o teu sorrir macabro
    De desdenhosa caveira.
Agora o coração e os olhos abro
    Para a Natureza inteira!

Negros pavores sepulcrais e frios
    Além morreram com o vento...
Ah! como estou desafogado em rios
    De rejuvenescimento!

Deus existe no esplendor de algum Sonho,
    Lá nalguma estrela esquiva,
Só ele escuta o soluçar medonho
    E torna a Dor menos viva.

    Ah! foi com Deus que tu chegaste, é certo,
        Comi a sua graça espontânea
    Que emigraste das plagas do Deserto
        Nu, sem sombra e sol, da Insânia!

No entanto como que volúpias vagas
    Desses horrores amargos,
Talvez recordação daquelas plagas
    Dão-te esquisitos letargos...

    Porém tu, afinal, ressuscitaste
        E tudo em mim ressuscita.
    E o meu Amor, que repurificaste,
        Canta na paz infinita!

ENLEVO

Da doçura da Noite, da doçura
De um tenro coração que vem sorrindo,
Seus segredos recônditos abrindo
Pela primeira vez, à luz mais pura.

    Da doçura celeste, da ternura
    De um Bem consolador que vai fugindo
    Pelos extremos do horizonte infindo,
    Deixando-nos somente a Desventura.

Da doçura inocente, imaculada
De uma carícia virginal da Infância,
Nessa de rosas fresca madrugada.

    Era assim tua cândida fragrância,
    Arcanjo ideal de auréola delicada,
    Visão consoladora da Distância...

Piedosa

(A Nestor Vitor)

Não sei por que, magoada Flor sem glória,
A tua voz de trêmula meiguice
Desperta em mim a mocidade flórea
De sentimentos que não têm velhice.

    Guslas de um céu remotamente mudo
    Gemem plangentes nessa voz que voa
    E através dela, abençoando tudo,
    Um luar de perdões desabotoa.

Vejo-te então sublimemente triste
E excelsa e doce, num anseio lento,
Vagando como um ser que não existe,
Transfigurada pelo Sofrimento.

    Mas, não sei como, vejo-te por brumas,
    Além da de ouro constelada Porta,
    Na ondulação das lívidas espumas,
    Morta, já morta, muito morta, morta...

E sinto logo esse supremo e sábio
Travo da dor, se morta te antevejo,
Essa macabra contração de lábio
Que morde e tantaliza o meu desejo.

    Fico sempre a cismar, se tu morresses
    Que angústia fina me laceraria,
    Que música de céus saudosos, desses
    Céus infinitos sobre mim fluiria...

Que anjos brancos, soberbos, deslumbrantes,
Resplandecentes nos broquéis das vestes,
Claros e altos voariam flamejantes
Para buscar-te, dos Azuis Celestes.

    Sim! Sim! Pois então tanta e atroz fadiga,
    Tanta e tamanha dor convulsa e cega
    Há de ficar sem doce luz amiga,
    Da lágrima dos céus, que tudo rega?!

As batalhas cruéis do sacrifício,
As transfigurações dos teus calvários,
Essas virtudes, rolarão com o vício
Pelos mesmos abismos tumultuários?!

    Toda a obscura pureza dos teus feitos,
    A tua alma mais simples do que a água,
    Essa bondade, todos os eleitos
    Sentimentos que tens de flor da Mágoa.

Nada se salvará jamais, mais nada
Se salvará, no instante derradeiro?!
Ó interrogação desesperada,
Errante, errante pelo mundo inteiro!

    Nada se salvará da essência viva
    Que tudo purifica e refloresce;
    De tanta fé, de tanta luz altiva
    De tanta abnegação, de tanta prece?!

Nada se salvará, piedosa e pobre
Flor desdenhada pelo Mal ufano.[1]
Só o meu coração e verso nobre
Hão de abrigar-te do desprezo humano.

---

[1] Orgulhoso; vaidoso; triunfante.

Na transcendência do teu ser, tão alta,
Vejo dos céus como que os dons, a esmola,
O indefinido que de ti ressalta
Me prende, me arrebata e me consola.

E sinto que a tu'alma desprendida
Do terrestre, do negro labirinto
Melhor há de adorar-me na outra Vida,
Melhor sentindo tudo quanto eu sinto.

    Porque não é por sentimento vago,
    Nem por simples e vã literatura,
    Nem por caprichos de um estilo mago
    Que sinto tanto a tua essência pura.

Não é por transitória veleidade
E para que o mundo reconheça,
Que sinto a tua cândida Piedade,
As auréolas de Luz dessa cabeça.

    Não é para que o mundo te proclame
    Maravilha das mártires, das santas
    Que eu digo sempre ao meu Amor que te ame
    Mesmo através de tantas ânsias, tantas.

Nem é também para que o mundo creia
Na humilde limpidez da tu'alma justa,
Que o mundo, vil e vão, desdenha e odeia
Toda a humildade, toda a crença augusta.

    Mas sinto porque te amo e te acompanho
    Pelas montanhas de onde sóis saudosos
    Clarões e sombras de um mistério estranho
    Espalham, como adeuses carinhosos.

Sinto que te acompanho, que te sigo
Tranquilo, calmo desses vãos rumores
E que tu vais embalada comigo,
Na mesma rede de carinho e dores.

> Sinto os segredos do teu corpo amado,
> Toda a graça floral, a graça breve,
> Todo o composto lânguido, alquebrado
> Do teu perfil de áureo crescente leve.

Sinto-te as linhas imortais do flanco,
E as ondas vaporosas dos teus passos
E todo o sonho castamente branco
Da volúpia celeste desses braços.

> Sinto a muda expressão da tua boca
> Feita num doce e doloroso corte
> De beijo dado na veemência louca
> Dos céus do gozo entre o estertor da morte.

Sinto-te as nobres mãos afagadoras,
Riquezas raras de um valor secreto
E mãos cujas carícias redentoras
São as carícias do supremo Afeto.

> Sinto os teus olhos fluidos, de onde emerge
> Uma graça, uma paz, tamanho encanto,
> Tão brando e triste, que a minh'alma asperge
> Em suavíssimos bálsamos de pranto.

Uns olhos tão etéreos, tão profundos,
De tanta e tão sutil delicadeza
Que parecem viver lá noutros mundos,
Longe da contingente Natureza.

Olhos que sempre no tremendo choque
Dos sofrimentos íntimos, latentes,
Têm esse toque amigo, o velho toque
Original das lágrimas ardentes.

Ah! só eu vejo e sinto esse desvelo
Que transfigura e faz o teu martírio,
O sentimento amargurado e belo
Que é já, talvez, quase mortal delírio...

Sinto que a mesma chama nos abraça,
Que um perfume eternal, casto, esquisito,
Circula e vive com divina graça
Dentro do nosso trêmulo Infinito.

E tudo quanto me sensibiliza,
Fere, magoa, dilacera, punge,
Tudo no teu olhar se cristaliza,
No teu olhar, no teu olhar que unge.

Sinto por ti o mais febril e intenso
Carinho, quase louco, doentio...
Carinho singular, curioso, imenso,
Que deixa na alma um resplendor sombrio.

E de tal forma esse carinho raro,
De tal encanto e tão sagrada essência,
De tal Piedade e tal Perdão preclaro,
Que canta na estrelada Refulgência.[2]

Ah! nunca saberás quanto exotismo
De sentimento me alanceia e pulsa,
Vibra violinos de sonambulismo
Nesta alma ora serena, ora convulsa!

---

[2] Brilho; esplendor.

Tens luz de lua e tens gorjeios de ave
No mundo virginal dos meus sentidos,
E és sonho, sombra de Ângelus suave
Nos nossos mútuos e comuns gemidos.

    E sonho, sombra de Ângelus, tão brandos,
    Imortalmente tão indefiníveis
    Que todos os terrores execrandos
    Cobrem-se para nós de íris sensíveis.

É assim que eu te sinto, erma, sozinha,
Frágil, piedosa, nos singelos brilhos
Erguendo aos braços, nobremente minha,
Os dolentes troféus dos nossos filhos.

    Erguendo-os como cálices amargos
    De um vinho ideal de já mortas quimeras,
    Para além destes céus mudos e largos
    Na ampla misericórdia das Esferas!

Ausência misteriosa

Uma hora só que o teu perfil se afasta,
Um instante sequer, um só minuto
Desta casa que amo — vago luto
Envolve logo esta morada casta.

    Tua presença delicada basta
    Para tudo tornar claro e impoluto...
    Na tua ausência, da Saudade escuto
    O pranto que me prende e que me arrasta...

Secretas e sutis melancolias
Recuadas na Noite dos meus dias
Vêm para mim, lentas, se aproximando.

    E em toda casa, nos objetos, erra
    Um sentimento que não é da Terra
    E que eu mudo e sozinho vou sonhando...

Meu filho

Ah! quanto sentimento! ah! quanto sentimento!
Sob a guarda piedosa e muda das Esferas
Dorme, calmo, embalado pela voz do vento,
Frágil e pequenino e tenro como as heras.

    Ao mesmo tempo suave e ao mesmo tempo estranho
    O aspecto do meu filho assim meigo dormindo...
    Vem dele tal frescura e tal sonho tamanho
    Que eu nem mesmo já sei tudo que vou sentindo.

Minh'alma fica presa e se debate ansiosa,
Em vão soluça e clama, eternamente presa
No segredo fatal dessa flor caprichosa,
Do meu filho, a dormir, na paz da Natureza.

    Minh'alma se debate e vai gemendo aflita
    No fundo turbilhão de grandes ânsias mudas:
    Que esse tão pobre ser, de ternura infinita,
    Mais tarde irá tragar os venenos de Judas!

Dar-lhe eu beijos, apenas, dar-lhe, apenas, beijos,
Carinhos dar-lhe sempre, efêmeros, aéreos.
O que vale tudo isso para outros desejos,
O que vale tudo isso para outros mistérios?!

    De sua doce mãe que em prantos o abençoa
    Com o mais profundo amor, arcangelicamente,
    De sua doce mãe, tão límpida, tão boa,
    O que vale esse amor, todo esse amor veemente?!

O longo sacrifício extremo que ela faça,
As vigílias sem nome, as orações sem termo,
Quando as garras cruéis e horríveis da Desgraça,
De sadio que ele é, fazem-no fraco e enfermo?!

    Tudo isso, ah! Tudo isso, ah! quanto vale tudo isso
    Se outras preocupações mais fundas me laceram,
    Se a graça de seu riso e a graça do seu viço
    São as flores mortais que meu tormento geram?!

Por que tantas prisões, por que tantas cadeias
Quando a alma quer voar nos páramos liberta?
Ah! Céus! Quem me revela essas Origens cheias
De tanto desespero e tanta luz incerta!

    Quem me revela, pois, todo o tesouro imenso
    Desse imenso Aspirar tão entranhado, extremo!
    Quem descobre, afinal, as causas do que eu penso,
    As causas do que eu sofro, as causas do que eu gemo!

Pois então hei de ter um afeto profundo,
Um grande sentimento, um sentimento insano
E hei de vê-lo rolar, nos turbilhões do mundo,
Para a vala comum do eterno Desengano?!

    Pois esse filho meu que ali no berço dorme,
    Ele mesmo tão casto e tão sereno e doce
    Vem para ser na Vida o vão fantasma enorme
    Das Dilacerações que eu na minh'alma trouxe?!

Ah! Vida! Vida! Vida! Incendiada tragédia,
Transfigurado Horror, Sonho transfigurado,
Macabras contorções de lúgubre comédia
Que um cérebro de louco houvesse imaginado!

Meu filho que eu adoro e cubro de carinhos,
Que do mundo vilão ternamente defendo,
Há de mais tarde errar por tremedais[1] e espinhos
Sem que o possa acudir no suplício tremendo.

Que eu vagarei por fim nos mundos invisíveis,
Nas diluentes visões dos largos Infinitos,
Sem nunca mais ouvir os clamores horríveis,
A mágoa dos seus ais e os ecos dos seus gritos.

Vendo-o no berço assim, sinto muda agonia,
Um misto de ansiedade, um misto de tortura,
Subo e pairo dos céus na estrelada harmonia
E desço e entro do Inferno a fuma hórrida, escura.

E sinto sede intensa e intensa febre, tanto,
Tanto Azul, tanto abismo atroz que me deslumbra.
Velha saudade ideal, monja de amargo Encanto,
Desce por sobre mim sua estranha penumbra.

Tu não sabes, jamais, tu nada sabes, filho,
Do tormentoso Horror, tu nada sabes, nada...
O teu caminho é claro, é matinal de brilho,
Não conheces a sombra e os golpes da emboscada.

Nesse ambiente de amor onde dormes teu sono
Não sentes nem sequer o mais ligeiro espetro...
Mas, ah! eu vejo bem, sinistra, sobre o trono,
A Dor, a eterna Dor, agitando o seu cetro!

---

[1] Pântano; brejo.

Visão guiadora

Ó alma silenciosa e compassiva
Que conversas com os Anjos da Tristeza,
Ó delicada e lânguida beleza
Nas cadeias das lágrimas cativa.

    Frágil, nervosa timidez lasciva,
    Graça magoada, doce sutileza
    De sombra e luz e da delicadeza
    Dolorosa de música aflitiva.

Alma de acerbo, amargurado exílio,
Perdida pelos céus num vago idílio
Com as almas e visões dos desolados.

    Ó tu que és boa e porque és boa és bela,
    Da Fé e da Esperança eterna estrela
    Todo o caminho dos desamparados.

LITANIA DOS POBRES

Os miseráveis, os rotos
São as flores dos esgotos.

    São espetros implacáveis
    Os rotos, os miseráveis.

São prantos negros de furnas
Caladas, mudas, soturnas.

    São os grandes visionários
    Dos abismos tumultuários.

As sombras das sombras mortas,
Cegos, a tatear nas portas.

    Procurando o céu, aflitos
    E varando o céu de gritos.

Faróis à noite apagados
Por ventos desesperados.

    Inúteis, cansados braços
    Pedindo amor aos Espaços.

Mãos inquietas, estendidas
Ao vão deserto das vidas.

    Figuras que o Santo Ofício
    Condena a feroz suplício.

Arcas soltas ao nevoento
Dilúvio do Esquecimento.

    Perdidas na correnteza
    Das culpas da Natureza.

Ó pobres! Soluços feitos
Dos pecados imperfeitos!

    Arrancadas amarguras
    Do fundo das sepulturas.

Imagens dos deletérios,
Imponderáveis mistérios.

    Bandeiras rotas, sem nome,
    Das barricadas da fome.

Bandeiras estraçalhadas
Das sangrentas barricadas.

    Fantasmas vãos, sibilinos[1]
    Da caverna dos Destinos!

Ó pobres! o vosso bando
É tremendo, é formidando![2]

    Ele já marcha crescendo,
    O vosso bando tremendo...

Ele marcha por colinas,
Por montes e por campinas.

    Nos areiais e nas serras
    Em hostes como as de guerras.

---

[1] Obscuro; enigmático.
[2] Que causa medo; pavoroso.

Cerradas legiões estranhas
A subir, descer montanhas.

    Como avalanches terríveis
    Enchendo plagas incríveis.

Atravessa já os mares,
Com aspectos singulares.

    Perde-se além nas distâncias
    A caravana das ânsias.

Perde-se além na poeira,
Das Esferas na cegueira.

    Vai enchendo o estranho mundo
    Com o seu soluçar profundo.

Como torres formidandas
De torturas miserandas.

    E de tal forma no imenso
    Mundo ele se torna denso.

E de tal forma se arrasta
Por toda a região mais vasta.

    E de tal forma um encanto
    Secreto vos veste tanto.

E de tal forma já cresce
O bando, que em vós parece.

    Ó Pobres de ocultas chagas
    Lá das mais longínquas plagas!

Parece que em vós há sonho
E o vosso bando é risonho.

Que através das rotas vestes
Trazeis delícias celestes.

Que as vossas bocas, de um vinho
Prelibam todo o carinho...

Que os vossos olhos sombrios
Trazem raros amavios.[3]

Que as vossas almas trevosas
Vêm cheias de odor das rosas.

De torpores, de indolências
E graças e quintessências.

Que já livres de martírios
Vêm festonadas[4] de lírios.

Vêm nimbadas de magia,
De morna melancolia.

Que essas flageladas almas
Reverdecem como palmas.

Balanceadas no letargo
Dos sopros que vêm do largo...

Radiantes de ilusionismos,
Segredos, orientalismos.

Que como em águas de lagos
Boiam nelas cisnes vagos...

---

[3] Encantos; feitiços.
[4] Ornadas; engrinaldar.

Que essas cabeças errantes
Trazem louros verdejantes.

    E a languidez fugitiva
    De alguma esperança viva.

Que trazeis magos aspeitos.
E o vosso bando é de eleitos.

    Que vestes a pompa ardente
    Do velho Sonho dolente.

Que por entre os estertores
Sois uns belos sonhadores.

"Spleen" de deuses

Oh! Dá-me o teu sinistro Inferno
Dos desesperos tétricos, violentos,
Onde rugem e bramem como os ventos
Anátemas[1] da Dor, no fogo eterno...

    Dá-me o teu fascinante, o teu falerno
    Dos falernos das lágrimas, sangrentos
    Vinhos profundos, venenosos, lentos
    Matando o gozo nesse horror do Averno.

Assim o Deus dos Páramos clamava
Ao Demônio soturno, e o rebelado,
Capricórnio Satã, ao Deus bradava.

    Se és Deus e já de mim tens triunfado,
    Para lavar o Mal do Inferno e a bava
    Dá-me o tédio senil do céu fechado.

---

[1] Oferenda colocada no templo de uma divindade.

Divina

Eu não busco saber o inevitável
Das espirais da tua vã matéria,
Não quero cogitar da paz funérea
Que envolve todo ser inconsolável.

    Bem sei que no teu círculo maleável
    De vida transitória e mágoa séria
    Há manchas dessa orgânica miséria
    Do mundo contingente, imponderável.

Mas o que eu amo no teu ser obscuro
É o evangélico mistério puro
O sacrifício que te torna heroína.

    São certos raios da tu'alma ansiosa,
    É certa luz misericordiosa,
    É certa auréola que te faz divina!

CABELOS

I

Cabelos! Quantas sensações ao vê-los!
Cabelos negros, do esplendor sombrio,
Por onde corre o fluido vago e frio
Dos brumosos e longos pesadelos...

    Sonhos, mistérios, ansiedades, zelos,
    Tudo que lembra as convulsões de um rio
    Passa na noite cálida, no estio
    Da noite tropical dos teus cabelos.

Passa através dos teus cabelos quentes,
Pela chama dos beijos inclementes,
Das dolências fatais, da nostalgia...

    Auréola negra, majestosa, ondeada,
    Alma da treva, densa e perfumada,
    Lânguida noite da melancolia!

Olhos

II

A Grécia d'Arte, a estranha claridade
Daquela Grécia de beleza e graça,
Passa, cantando, vai cantando e passa
Dos teus olhos na eterna castidade.

    Toda a serena e altiva heroicidade
    Que foi dos gregos a imortal couraça,
    Aquele encanto e resplendor de raça
    Constelada de antiga, majestade.

Da Atenas flórea todo o viço louro,
E as rosas e os mirtais e as pompas douro,
Odisseias e deuses e galeras...

    Na sonolência de uma lua aziaga,
    Tudo em saudade nos teus olhos vaga,
    Canta melancolias de outras eras!...

Boca

III

Boca viçosa, de perfume a lírio,
Da límpida frescura da nevada,
Boca de pompa grega, purpureada,
Da majestade de um damasco assírio.

    Boca para deleites e delírio
    Da volúpia carnal e alucinada,
    Boca de Arcanjo, tentadora e arqueada,
    Tentando Arranjos na amplidão do Empíreo.

Boca de Ofélia morta sobre o lago,
Dentre a auréola de luz do sonho vago
E os faunos leves do luar inquietos...

    Estranha boca virginal, cheirosa,
    Boca de mirra e incensos, milagrosa
    Nos filtros e nos tóxicos secretos...

Seios

IV

Magnólias tropicais, frutos cheirosos
Das árvores do Mal fascinadoras,
Das negras mancenilhas[1] tentadoras,
Dos vagos narcotismos venenosos.

    Oásis brancos e miraculosos
    Das frementes volúpias pecadoras
    Nas paragens fatais, aterradoras
    Do Tédio, nos desertos tenebrosos...

Seios de aroma embriagador e langue,
Da aurora de ouro do esplendor do sangue;
A alma de sensações tantalizando.[2]

    Ó seios virginais, tálamos vivos,
    Onde do amor nos êxtases lascivos
    Velhos faunos febris dormem sonhando...

---

[1] Árvore de fruto venenoso.
[2] Provocar sofrimento.

MÃOS

V

Ó Mãos ebúrneas, Mãos de claros veios,
Esquisitas tulipas delicadas,
Lânguidas Mãos sutis e abandonadas,
Finas e brancas, no esplendor dos seios.

Mãos etéricas, diáfanas, de enleios,
De eflúvios e de graças perfumadas,
Relíquias imortais de eras sagradas,
De antigos templos de relíquias cheios.

Mãos onde vagam todos os segredos,
Onde dos ciúmes tenebrosos, tredos,
Circula o sangue apaixonado e forte.

Mãos que eu amei, no féretro medonho
Frias, já murchas, na fluidez do Sonho,
Nos mistérios simbólicos da Morte!

PÉS

VI

Lívidos, frios, de sinistro aspecto,
Como os pés de Jesus, rotos em chaga,
Inteiriçados, dentre a auréola vaga
Do mistério sagrado de um afeto.

    Pés que o fluido magnético, secreto
    Da morte maculou de estranha e maga
    Sensação esquisita que propaga
    Um frio na alma, doloroso e inquieto...

Pés que bocas febris e apaixonadas
Purificaram, quentes, inflamadas,
Com o beijo dos adeuses soluçantes.

    Pés que já no caixão, enrijecidos,
    Aterradoramente indefinidos
    Geram fascinações dilacerantes!

Corpo

VII

Pompas e pompas, pompas soberanas,
Majestade serena da escultura,
A chama da suprema formosura,
A opulência das púrpuras romanas.

    As formas imortais, claras e ufanas,
    Da graça grega, da beleza pura,
    Resplendem na arcangélica brancura
    Desse teu corpo de emoções profanas.

Cantam as infinitas nostalgias,
Os mistérios do Amor melancolias,
Todo o perfume de eras apagadas...

    E as águias da paixão, brancas, radiantes,
    Voam, revoam, de asas palpitantes,
    No esplendor do teu corpo arrebatadas!

Canção negra

(A Nestor Vitor)

Ó boca em tromba retorcida
Cuspindo injúrias para o Céu,
Aberta e pútrida ferida
Em tudo pondo igual labéu.[1]

    Ó boca em chamas, boca em chamas,
    Da mais sinistra e negra voz,
    Que clamas, clamas, clamas, clamas,
    Num cataclismo estranho, atroz.

Ó boca em chagas, boca em chagas,
Somente anátemas a rir,
De tantas pragas, tantas pragas
Em catadupas[2] a rugir.

    Ó boca de uivos e pedradas,
    Visão histérica do Mal,
    Cortando com mil facadas
    Dum golpe só, transcendental.

Sublime boca sem pecado,
Cuspindo embora a lama e o pus,
Tudo a deixar transfigurado,
O lodo a transformar em luz.

---

[1] Desdouro; desonra.
[2] Torrente; catarata.

Boca de ventos inclementes
De universais revoluções,
Alevantando as hostes quentes,
Os sanguinários batalhões.

Abençoada a canção velha
Que os lábios teus cantam assim
Na tua face que se engelha,
Da cor de lívido marfim.

Parece a furna do Castigo
Jorrando pragas na canção,
A tua boca de mendigo
Tão tosco como o teu bordão.

Boca fatal de torvos trenos!
Da onipotência do bom Deus;
Louvados sejam tais venenos,
Purificantes como os teus!

Tudo precisa um ferro em brasa
Para este mundo transformar...
Nos teus Anátemas põe asa
E vai no mundo praguejar!

Ó boca ideal de rudes trovas,
Do mais sangrento resplendor,
Vai reflorir todas as covas,
O facho a erguer da luz do Amor.

Nas vãs misérias deste mundo
Dos exorcismos cospe o fel...
Que as tuas pragas rasguem fundo
O coração desta Babel.

Mendigo estranho! Em toda a parte
Vai com teus gritos, com teus ais,
Como o simbólico estandarte
Das tredas convulsões mortais!

Resume todos esses travos
Que a terra fazem languescer;
Das mãos e pés arranca os cravos
Das cruzes mil de cada Ser.

A terra é mãe! — mas ébria e louca
Tem germens bons e germens vis...
Bendita seja a negra boca
Que tão malditas coisas diz!

A IRONIA DOS VERMES

Eu imagino que és uma princesa
Morta na flor da castidade branca...
Que teu cortejo sepulcral arranca
Por tanta pompa espasmos de surpresa.

    Que tu vais por um coche conduzida,
    Por esquadrões flamívomos[1] guardada,
    Como carnal e virgem madrugada,
    Bela das belas, sem mais sol, sem vida.

Que da Corte os luzidos Dignitários
Com seus aspectos marciais, bizarros,
Seguem-te após nos fagulhantes carros
E a excelsa cauda dos cortejos vários.

    Que a tropa toda forma nos caminhos
    Por onde irás passar indiferente;
    Que há no semblante, vão de toda a gente
    Curiosidades que parecem vinhos.

Que os potentes canhões roucos atroam
O espaço claro de uma tarde suave,
E que tu vais, Lírio dos lírios e ave
Do Amor, por entre os sons que te coroam.

    Que nas flores, nas sedas, nos veludos,
    E nos cristais do féretro radiante

---

[1] Que vomita chamas.

Nos damascos do Oriente, na faiscante
Onda de tudo há longos prantos mudos.

Que do silêncio azul da imensidade,
Do perdão infinito dos Espaços
Tudo te dá os beijos e os abraços
Do seu adeus, à tua Majestade.

Que de todas as cousas como Verbo
De saudades sem termo e de amargura,
Sai um adeus à tua formosura,
Num desolado sentimento acerbo.

Que o teu corpo de luz, teu corpo amado,
Envolto em finas e cheirosas vestes,
Sob o carinho das Mansões celestes
Ficará pela Morte encarcerado.

Que o teu séquito[2] é tal, tal a coorte,
Tal o sol dos brasões, por toda a parte,
Que em vez da horrenda Morte suplantar-te
Crê-se que és tu que suplantaste a Morte.

Mas dos faustos mortais a régia trompa,
Os grandes ouropéis, a real Quermesse,
Ah! tudo, tudo proclamar parece
Que hás de afinal apodrecer com pompa.

Como que foram feitos de luxúria
E gozo ideal teus funerais luxuosos
Para que os vermes, pouco escrupulosos,
Não te devorem com plebeia fúria.

Para que eles ao menos vendo as belas
Magnificências do teu corpo exausto

---

[2] Cortejo; popularidade.

Mordam-te com cuidados e cautelas
Para o teu corpo apodrecer com fausto.

    Para que possa apodrecer nas frias
    Geleiras sepulcrais de esquecimentos,
    Nos mais augustos apodrecimentos,
    Entre constelações e pedrarias.

Mas ah! quanta ironia atroz, funérea,
Imaginária e cândida Princesa:
És igual a uma simples camponesa
Nos apodrecimentos da Matéria!

INEZ

Tem teu nome a estranha graça
De uma galga verde, estranha,
Certo langor te adelgaça,
Certo encanto te acompanha.

    És velada, quebradiça
    Como teu nome é velado.
    Certa flor curiosa viça
    No teu corpo edenizado.[1]

Chamam-te a Inez dos quebrantos,
A galga verde, a felina,
Amaranto[2] de amarantos,
Das franzinas a franzina.

    Teus olhos, langues aquários
    Adormentados de cisma,
    Vivem mudos, solitários
    Como uma treva que abisma.

Tua boca, vivo cravo
Sanguíneo, púrpuro, ardente,
De certa forma tem travo
Embora veladamente.

---

[1] Paradisíaco.
[2] Tipo de planta herbácea. Tipo de flor.

És lírio de velho outono,
Meiga Inez, e de tal sorte
Que já vives no abandono,
Meio enevoada da morte.

Teu beijo, do rosmaninho[3]
Tem o sainete[4] amargoso...
Lembra a saudade de um vinho
Secreto, mas venenoso.

Por um mistério indizível
Não te é dado amar na terra,
Vem de longe o Indefinível
Que os teus silêncios encerra!

Deus fechou-te a sete chaves
O coração lá no fundo...
Mas deu-te as asas das aves
Para irradiares no mundo.

---

[3] Planta aromática.
[4] Gosto; qualidade.

HUMILDADE SECRETA

Fico parado, em êxtase suspenso,
Às vezes, quando vou considerando
Na humildade simpática, no brando
Mistério simples do teu ser imenso.

    Tudo o que aspiro, tudo quanto penso
    De estrelas que andam dentro em mim cantando,
    Ah! tudo ao teu fenômeno vai dando
    Um céu de azul mais carregado e denso.

De onde não sei tanta simplicidade,
Tanta secreta e límpida humildade
Vem ao teu ser como os encantos raros.

    Nos teus olhos tu'alma transparece...
    E de tal sorte que o bom Deus parece
    Viver sonhando nos teus olhos claros.

Flor perigosa

Ah! quem, trêmulo e pálido, medita
No teu perfil de áspide triste, triste,
Não sabe em quanto abismo essa infinita
Tristeza amarga singular consiste.

    Tens todo o encanto de uma flor, o encanto
    Secreto de uma flor de vago aroma...
    Mas não sei que de morno e de quebranto
    Vem, lasso e langue, dessa negra coma.

És das origens mais desconhecidas,
De uma longínqua e nebulosa infância.
A visão das visões indefinidas,
De atra, sinistra, mórbida elegância.

    Como flor, entretanto, és bem amarga!
    Pólens celestes o teu ser inundam,
    Mas ninguém sabe a onda nervosa e larga
    Dos insetos mortais que te circundam.

Quem teu aroma de mulher aspira
Fica entre ânsias de túmulo fechado...
Sente vertigens de vulcão, delira
E morre, sutilmente envenenado.

    Teu olhar de fulgências e de treva,
    Onde as volúpias a pecar se ajustam,
    Guarda um mistério que envilece e eleva,
    Causa delíquios[1] e emoções que assustam.

---

[1] Desmaio; vertigem.

És flor, mas como flor és perigosa,
Do mais sombrio e tétrico perigo...
Fenômenos fatais de luz ansiosa
Vão pelas noites segredar contigo.

> Vão segredar que és feia e que és estranha
> Sendo feia, mas sendo extravagante,
> De enorme, de esquisita, de tamanha
> Influência de eclipse radiante...

Sei! não nasceste sob a luz que ondeia
Na beleza e nos astros da saúde;
Mas sendo assim, morbidamente feia,
O teu ser feia torna-se virtude.

> És feia e doente, surges desse misto,
> Da exótica, da insana, da funesta
> Auréola ideal dos mártires de Cristo
> Naquela Dor absurdamente mesta.

Vens de lá, vens de lá — fundos remotos
Adelgaçando como os véus de um rio...
Abrindo do magoado e velho lótus
Do sentimento, todo o sol doentio...

> Mas quem quiser saber o quanto encerra
> Teu ser, de mais profundo e mais nevoento,
> Venha aspirar-te no teu vaso — a Terra —
> Ó perigosa flor do esquecimento!

METEMPSICOSE

Agora, já que apodreceu a argila
Do teu corpo divino e sacrossanto;
Que embalsamaram de magoado pranto
A tua carne, na mudez tranquila.

    Agora, que nos Céus, talvez, se asila
    Aquela graça e luminoso encanto
    De virginal e pálido amaranto
    Entre a Harmonia que nos Céus desfila.

Que da morte o estupor macabro e feio
Congelou as magnólias do teu seio,
Por entre catalépticas visões...

    Surge, Bela das Belas, na Beleza
    Do transcendentalismo da Pureza,
    Nas brancas, imortais Ressurreições!

Os MONGES

Montanhas e montanhas e montanhas
    Ei-los que vão galgando.
As sombras vãs das figuras estranhas
    Na Terra projetando.

    Habitam nas mansões do Imponderável
        Esses graves ascetas;
    Ocultando, talvez, no Inconsolável
        Amarguras Inquietas.

Como os reis Magos, trazem lá do Oriente
    As alfaias preciosas,
Mas alfaias, surpreendentemente,
    As mais miraculosas.

    Nem incensos, nem mirras e nem louros,
        Nem mirras nem incensos,
    Outros mais raros, mágicos tesouros
        Sobre todos, imensos.

Pelos longínquos, sáfaros[1] caminhos
    Que vivem percorrendo,
A Dor, como atros, venenosos vinhos,
    Os vai deliquescendo.

    São os monges sombrios, solitários,
        Como esses vagos rios
    Que passam nas florestas tumultuários,
        Solitários, sombrios.

---

[1] Bravio; agreste.

São monges das florestas encantadas,
    Dos ignotos tumultos,
Almas na Terra desassossegadas,
    Desconsolados vultos.

    São os monges da Graça e do Mistério,
        Faróis da Eternidade
    Iluminando todo o Azul sidéreo
        Da sagrada Saudade.

— Onde e quando acharão o seu descanso
    Eles que há tanto vagam?
Em que dia terão esse remanso
    Os seus pés que se chagam?

    Quando caminham nas Regiões nevoentas,
        Da lua nos quebrantos,
    As suas sombras vagarosas, lentas
        Ganham certos encantos...

Ficam nimbados pela luz da lua
    Os seus perfis tristonhos...
Sob a dolência peregrina e crua
    Dos tantálicos sonhos.

    As Ilusões são seus mantos sanguíneos
        De símbolos de dores,
    De signos, de solenes vaticínios,
        De nirvânicas flores.

Benditos monges imortais, benditos
    Que etéreas harpas tangem!
Que rasgam de alto a baixo os Infinitos,
    Infinitos abrangem.

Deixai-os ir com os seus troféus bizarros
De humano Sentimento,
Arrebatados pelos ígneos carros
Do augusto Pensamento.

Que os leve a graça das errantes almas,
— Grandes asas de tudo —
Entre as Hosanas, o verdor das palmas,
Entre o Mistério mudo!

Não importa saber que rumo trazem
Nem se é longo esse rumo...
Eles no Indefinido se comprazem,
São dele a chama e o fumo.

Deixai-os ir pela Amplidão a fora,
Nos silêncios da esfera,
Nos esplendores da eternal Aurora
Coroados de Quimera!

Deixai-os ir pela Amplidão, deixai-os,
No segredo profundo,
Por entre fluidos de celestes raios
Transfigurando o mundo.

Que só os astros do Azul cintilam
Pela sidérea rede
Saibam que os monges lívidos, desfilam
Devorados de sede...

Que ninguém mais possa saber as ânsias
Nem sentir a Dolência
Que vindo das incógnitas Distâncias
É dos monges a essência!

Monges, ó monges da divina Graça,
    Lá da graça divina,
Deu-vos o Amor toda a imortal couraça
    Dessa Fé que alucina.

    No meio de anjos que vos abençoam
        Corações estremecem...
    E tudo eternamente vos perdoam
        Os que não vos esquecem.

Toda a misericórdia dos espaços
    Vos oscule, surpresa...
E abri, serenos, largamente, os braços
    A toda a Natureza!

TRISTEZA DO INFINITO

Anda em mim, soturnamente,
Uma tristeza ociosa,
Sem objetivo, latente,
Vaga, indecisa, medrosa.

    Como ave torva e sem rumo,
    Ondula, vagueia, oscila
    E sobe em nuvens de fumo
    E na minh'alma se asila.

Uma tristeza que eu, mudo,
Fico nela meditando
E meditando, por tudo
E em toda a parte sonhando.

    Tristeza de não sei de onde,
    De não sei quando nem como...
    Flor mortal, que dentro esconde
    Sementes de um mago pomo.

Dessas tristezas incertas,
Esparsas, indefinidas...
Como almas vagas, desertas
No rumo eterno das vidas.

    Tristeza sem causa forte,
    Diversa de outras tristezas,
    Nem da vida nem da morte
    Gerada nas correntezas...

Tristezas de outros espaços,
De outros céus, de outras esferas,
De outros límpidos abraços,
De outras castas primaveras.

    Dessas tristezas que vagam
    Com volúpias tão sombrias
    Que as nossas almas alagam
    De estranhas melancolias.

Dessas tristezas sem fundo,
Sem origens prolongadas,
Sem saudades deste mundo,
Sem noites, sem alvoradas.

    Que principiam no sonho
    E acabam na Realidade,
    Através do mar tristonho
    Desta absurda Imensidade.

Certa tristeza indizível,
Abstrata, como se fosse
A grande alma do Sensível
Magoada, mística, doce.

    Ah! tristeza imponderável,
    Abismo, mistério aflito,
    Torturante, formidável...
    Ah! Tristeza do Infinito!

Luar de lágrimas

I

Nos estrelados, límpidos caminhos
Dos Céus, que um luar criva de prata e de ouro,
Abrem-se róseos e cheirosos ninhos,
E há muitas messes do bom trigo louro.

    Os astros cantam meigas cavatinas,[1]
    E na frescura as almas claras gozam
    Alvoradas eternas, cristalinas,
    E os Dons supremos, divinais esposam.

Lá a florescência dos Desejos
Tem sempre um novo e original perfume,
Tudo rejuvenesce dentre arpejos
E dentre palmas verdes se resume.

    As próprias mocidades e as infâncias
    Das cousas têm um esplendor infindo
    E as imortalidades e as distâncias
    Estão sempre florindo e reflorindo.

Tudo aí se consola e transfigura
Num Relicário de viver perfeito,
E em cada uma alma peregrina e pura
Alvora o sentimento mais eleito.

    Tudo aí vive e sonha o imaculado
    Sonho esquisito e azul das quintessências,
    Tudo é sutil e cândido, estrelado,
    Embalsamado de eternais essências.

---

[1] Música para uma só voz.

Lá as Horas são águias, voam, voam
Com grandes asas resplandecedoras...
E harpas augustas finamente soam
As Aleluias glorificadoras.

    Forasteiros de todos os matizes
    Sentem ali felicidades castas
    E os que essas libações gozam felizes
    Deixam da terra as vastidões nefastas.

Anjos excelsos e contemplativos,
Soberbos e solenes, soberanos,
Com aspectos grandíloquos, altivos,
Sonham sorrindo, angelicais e ufanos.

    Lá não existe a convulsão da Vida
    Nem os tremendos, trágicos abrolhos.
    Há por tudo a doçura indefinida
    Dos azuis melancólicos de uns olhos.

Véus brancos de Visões resplandecentes
Miraculosamente se adelgaçam...
E recordando essas Visões diluentes
Dolências beethovínicas perpassam.

    Há magos e arcangélicos poderes
    Para que as existências se transformem...
    E os mais egrégios e completos seres
    Sonos sagrados, impolutos, dormem...

É lá que vagam, que plangentes erram,
Lá que devem vagar, de certo, flóreas,
Puras, as Almas que eu perdi, que encerram
O meu Amor nas Urnas ilusórias.

    Hosanas de perdão e de bondade,
    De celestial misericórdia santa
    Abençoam toda essa claridade
    Que na harmonia das Esferas canta.

Preces ardentes como ardentes sarças[2]
Sobem no meio das divinas messes.
Lembra o voo das pombas e das garças
A leve ondulação de tantas preces.

    E quem penetra nesse ideal Domínio,
    Por entre os raios das estrelas belas,
    Todo o celeste e singular escrínio,[3]
    Todo o escrínio das lágrimas vê nelas.

E absorto, penetrando os Céus tão calmos,
Céus de constelações que maravilham,
Não sabe, acaso, se com os brilhos almos,
São estrelas ou lágrimas que brilham.

    Mas ah! das Almas esse azul letargo,
    Esse eterno, imortal Isolamento,
    Tudo se envolve num luar amargo
    De Saudade, de Dor, de Esquecimento!

Tudo se envolve nas neblinas densas
De outras recordações, de outras lembranças,
No doce luar das lágrimas imensas
Das mais inconsoláveis esperanças.

II

Ó mortos meus, ó desabados mortos!
Chego de viajar todos os portos.

    Volto de ver inóspitas paragens,
    As mais profundas regiões selvagens.

---

[2] Bosque; selva.
[3] Pequeno recipiente para guardar preciosidades.

Andei errando por funestas tendas
Onde das almas escutei as lendas.

E tornei a voltar por uma estrada
Erma, na solidão abandonada.

    Caminhos maus, atalhos infinitos
    Por onde só ouvi ânsias e gritos.

Por toda a parte a rir o incêndio e a peste
Debaixo da Ilusão do Azul celeste.

    Era também luar, luar lutuoso
    Pelas estradas onde errei saudoso...

Era também luar, o luar das penas,
Brando luar das Ilusões terrenas.

    Era um luar de triste morbideza
    Amortalhando toda a natureza.

E eu em vão busquei, Mortos queridos,
Por entre os meus tristíssimos gemidos.

    Em vão pedi os filtros dos segredos
    Da vossa morte, à voz dos arvoredos.

Em vão fui perguntar ao Mar que é cego
A lei do Mar do Sonho onde navego...

    Ao Mar que é cego, que não vê quem morre
    Na suas ondas, onde o sol escorre...

Em vão fui perguntar ao Mar antigo
Qual era o vosso desolado abrigo.

    Em vão vos procurei, cheio de chagas,
    Por estradas insólitas e vagas.

Em vão andei mil noites por desertos,
Com passos espetrais, dúbios, incertos.

    Em vão clamei pelo luar afora,
    Pelos ocasos, pelo albor da aurora.

Em vão corri nos areais terríveis
E por curvas de montes impassíveis.

    Só um luar, só um luar de morte
    Vagava igual a mim, com a mesma sorte.

Só um luar sempre calado e dútil,
Para a minha aflição, acerbo e inútil.

    Um luar de silêncio formidável
    Sempre me acompanhando, impenetrável.

Só um luar de mortos e de mortas
Para sempre a fechar-me as vossas portas.

    E eu, já purgado dos terrestres Crimes,
    Sem achar nunca essas portas sublimes.

Sempre fechado à chave do mistério
O vosso exílio pelo Azul sidéreo.

    Só um luar de trêmulos martírios
    A iluminar-me com clarões de círios.

Só um luar de desespero horrendo
Ah! sempre me pungindo e me vencendo.

    Só um luar de lágrimas sem termos
    Sempre me perseguindo pelos ermos.

E eu caminhando cheio de abandono
Sem atingir o vosso claro trono.

Sozinho para longe caminhando
Sem o vosso carinho venerando.

Percorrendo o deserto mais sombrio
E de abandono a tiritar de frio...

Ó Sombras meigas, ó Refúgios ternos,
Ah! como penetrei tantos Infernos!

Como eu desci sem vós negras escarpas,
Ó Almas do meu ser, Ó Almas de harpas!

Como senti todo esse abismo ignaro
Sem nenhuma de vós por meu amparo.

Sem a bênção gozar, serena e doce,
Que o vosso Ser aos meus cuidados trouxe.

Sem ter ao pé de mim o astral cruzeiro
Do vosso grande amor alvissareiro.

Por isso, ó sombras, sombras impolutas,
Eu ando a perguntar às formas brutas,

E ao vento e ao mar e aos temporais que ululam
Onde é que esses perfis se crepusculam.

Caminho, a perguntar, em vão, a tudo,
E só vejo um luar soturno e mudo.

Só contemplo um luar de sacrifícios,
De angústias, de tormentas, de cilícios.

E sem ninguém, ninguém que me responda
Tudo a minh'alma nos abismos sonda.

Tudo, sedenta, quer saber, sedenta
Na febre da Ilusão que mais aumenta.

Tudo, mas tudo quer saber, não cessa
De perscrutar e a perscrutar começa.

    De novo sobe e desce escadarias
    De estrelas, de mistérios, de harmonias.

Sobe e não cansa, sobe sempre, austera,
Pelas escadarias da Quimera.

    Volta, circula, abrindo as asas volta
    E os voos de águia nas Estrelas solta.

Cada vez mais os voos no alto apruma
Para as etéreas amplidões da Bruma.

    E tanta força na ascensão desprende
    Da envergadura, à proporção que ascende...

Tamanho impulso, colossal, tamanho
Ganha na Altura, no Esplendor estranho.

    Tanto os esforços em subir concentra,
    Em tantas zonas de Prodígios entra.

Nas duas asas tal vigor supremo
Leva, através de todo o Azul extremo.

    Que parece cem águias de atras garras
    Com asas gigantescas e bizarras.

Cem águias soberanas, poderosas
Levantando as cabeças fabulosas.

    E voa, voa, voa, voa imersa
    Na grande luz dos Páramos dispersa.

E voa, voa, voa, voa, voa
Nas esferas sem fim perdida à toa.

Até que exausta de fadiga e sonho
Nessa vertigem, nesse errar medonho.

Até que tonta de abranger Espaços,
Da luz nos fulgidíssimos abraços.

Depois de voar a tão sutis Encantos,
Vendo que as Ilusões a abandonaram,
Chora o luar das lágrimas, os prantos
Que pelos Astros se cristalizaram!

ÉBRIOS E CEGOS

Fim de tarde sombria.
Torvo e pressagio todo o céu nevoento.
Densamente chovia.
Na estrada o lodo e pelo espaço o vento.

Monótonos gemidos
Do vento, mornos, lânguidos, sensíveis:
Plangentes ais perdidos
De solitários seres invisíveis...

Dois secretos mendigos
Vinham, bambos, os dois, de braço dado,
Como estranhos amigos
Que se houvessem nos tempos encontrado.

Parecia que a bruma
Crepuscular os envolvia, absortos
Numa visão, nalguma
Visão fatal de vivos ou de mortos.

E de ambos o andar lasso
Tinha talvez algum sonambulismo,
Como através do espaço
Duas sombras volteando num abismo.

Era tateante, vago
De ambos o andar, aquele andar tateante
De ondulação de lago,
Tardo, arrastado, trêmulo, oscilante.

E tardo, lento, tardo,
Mais tardo cada vez, mais vagaroso,
No torvo aspecto pardo
Da tarde, mais o andar era brumoso.

Bamboleando no lodo,
Como que juntos, resvalando aéreos,
Todo o mistério, todo
Se desvendava desses dois mistérios.

Ambos ébrios e cegos,
No caos da embriaguez e da cegueira,
Vinham cruzando pegos
De braço dado, a sua vida inteira.

Ninguém diria, entanto,
O sentimento trágico, tremendo,
A convulsão de pranto
Que aquelas almas iam turvescendo.

Ninguém sabia, certos,
Quantos os desesperos mais agudos
Dos mendigos desertos,
Ébrios e cegos, caminhando mudos.

Ninguém lembrava as ânsias
Daqueles dois estados meio gêmeos,
Presos nas inconstâncias
De sofrimentos quase que boêmios.

Ninguém diria nunca,
Ébrios e cegos, todos dois tateando,
A que atroz espelunca
Tinham, sem vista, ido beber, bambeando.

            Que negro álcool profundo
        Turvou-lhes a cabeça e que sudário
            Mais pesado que o mundo
        Pôs-lhe nos olhos tal horror mortuário.

        E em tudo, em tudo aquilo,
    Naqueles sentimentos tão estranhos,
        De tamanho sigilo,
    Como esses entes vis eram tamanhos!

            Que tão fundas cavernas,
        Aquelas duas dores enjaularam,
            Miseráveis e eternas
        Nos horríveis destinos que as geraram.

    Que medonho mar largo,
    Sem lei, sem rumo, sem visão, sem norte,
        Que absurdo tédio amargo
    De almas que apostam duelar com a morte!

            Nas suas naturezas,
        Entre si tão opostas, tão diversas,
            Monstruosas grandezas
        Medravam, já unidas, já dispersas.

    Onde a noite acabava
    Da cegueira feral de atros espasmos,
        A embriaguez começava
    Rasgada de ridículos sarcasmos.

            E bêbedas, sem vista,
        Na mais que trovejante tempestade,
            Caminhando à conquista
        Do desdém das esmolas sem piedade,

　　　　Lá iam, juntas, bambas,
　　— Acorrentadas convulsões atrozes —,
　　　　Ambas as vidas, ambas
　　Já meio alucinadas e ferozes.

　　　　　　E entre a chuva e entre a lama
　　　　E soluços e lágrimas secretas,
　　　　　　Presas na mesma trama,
　　　　Turvas, flutuantes, trêmulas, inquietas.

　　　　　　Mas ah! torpe matéria!
　　　　Se as atritassem, como pedras brutas,
　　　　　　Que chispas de miséria
　　　　Romperiam de tais almas corruptas!

　　　　　　Tão grande, tanta treva,
　　　　Tão terrível, tão trágica, tão triste,
　　　　　　Os sentidos subleva,
　　　　Cava outro horror, fora do horror que existe.

　　　　Pois do sinistro sonho
　　Da embriaguez e da cegueira enorme,
　　　　Erguia-se, medonho,
　　Da loucura o fantasma desconforme.

Últimos sonetos

Piedade

O coração de todo o ser humano
Foi concebido para ter piedade,
Para olhar e sentir com caridade,
Ficar mais doce o eterno desengano.

    Para da vida em cada rude oceano
    Arrojar, através da imensidade,
    Tábuas de salvação, de suavidade,
    De consolo e de afeto soberano.

Sim! Que não ter um coração profundo
É os olhos fechar à dor do mundo,
Ficar inútil nos amargos trilhos.

    É como se o meu ser compadecido,
    Não tivesse um soluço comovido
    Para sentir e para amar meus filhos!

Caminho da glória

Este caminho é cor-de-rosa e é de ouro,
Estranhos roserais nele florescem,
Folhas augustas, nobres reverdecem
De acanto, mirto e sempiterno[1] louro.

Neste caminho encontra-se o tesouro
Pelo qual tantas almas estremecem:
É por aqui que tantas almas descem
Ao divino e fremente sorvedouro.

    É por aqui que passam meditando,
    Que cruzam, descem, trêmulos, sonhando,
    Neste celeste, límpido caminho.

Os seres virginais que vêm da Terra,
Ensanguentados da tremenda guerra,
Embebedados do sinistro vinho.

---

[1] Duradouro; perpétuo.

Presa do ódio

Da tua alma na funda galeria
Descendo às vezes, eu às vezes sinto
Que como o mais feroz lobo faminto
Teu ódio baixo de alcateia espia.

Do desespero a noite cava e fria,
De boêmias vis o pérfido absinto
Pôs no teu ser um negro labirinto,
Desencadeou sinistra ventania.

Desencadeou a ventania rouca,
Surda, tremenda, desvairada, louca,
Que a tua alma abalou de lado a lado,

Que te inflamou de cóleras supremas
E deixou-te nas trágicas algemas
Do teu ódio sangrento acorrentado!

Alucinação

Ó solidão do Mar, o amargor das vagas,
Ondas em convulsões, ondas em rebeldias,
Desespero do Mar, furiosa ventania,
Boca em fel dos tritões[1] engasgada de pragas.

Velhas chagas do sol, ensanguentadas chagas
De ocasos purpurais de atroz melancolia,
Luas tristes, fatais, da atra mudez sombria
De trágica ruína em vastidões pressagas.

Para onde tudo vai, para onde tudo voa,
Sumido, contundido, esboroado, à toa,
No caos tremendo e nu dos tempos a rolar?

Que Nirvana genial há de engolir tudo isto,
Mundos de Inferno e Céu, de Judas e de Cristo,
Luas, chagas do sol e turbilhões do Mar?!

---

[1] Deus marinho inferior.

Vida obscura

Ninguém sentiu o teu espasmo obscuro,
Ó ser humilde entre os humildes seres.
Embriagado, tonto dos prazeres,
O mundo para ti foi negro e duro.

Atravessaste no silêncio escuro
A vida presa a trágicos deveres
E chegaste ao saber de altos saberes
Tornando-te mais simples e mais puro.

Ninguém te viu o sentimento inquieto,
Magoado, oculto e aterrador, secreto.
Que o coração te apunhalou no mundo.

Mas eu, que sempre te segui os passos,
Sei que cruz infernal prendeu-te os braços
E o teu suspiro como foi profundo!

Conciliação

Se essa angústia de amor te crucifica,
Não és da Dor um simples fugitivo:
Ela mareou-te com o sinete vivo
Da sua estranha majestade rica.

És sempre o Assinalado ideal que fica
Sorrindo e contemplando o céu altivo;
Dos Compassivos és o Compassivo,
Na Transfiguração que glorifica.

Nunca mais de tremer terás direito...
Da Natureza todo o Amor perfeito
Adorarás, venerarás contrito.

Ah! Basta encher, eternamente basta
Encher, encher toda esta Esfera vasta
Da convulsão do teu soluço aflito!

Glória

Florescimentos e florescimentos!
Glória às estrelas, glória às aves, glória
À natureza! Que a minh'alma flórea
Em mais flores flori de sentimentos.

Glória ao Deus invisível dos nevoentos
Espaços! Glória à lua merencória,[1]
Glória à esfera dos sonhos, à ilusória
Esfera dos profundos pensamentos.

Glória ao céu, glória à terra, glória ao mundo!
Todo o meu ser é roseiral fecundo
De grandes rosas de divino brilho.

Almas que floresceis Amor eterno!
Vinde gozar comigo este falerno,
Esta emoção de ver nascer um filho!

---

[1] Melancólico; triste.

A PERFEIÇÃO

A perfeição é a celeste ciência
Da cristalização de almos encantos,
De abandonar os mórbidos quebrantos
E viver de uma oculta florescência.

Nossa alma fica da clarividência
Dos astros e dos anjos e dos santos,
Fica lavada na lustral dos prantos,
É dos prantos divina e pura essência.

Nossa alma fica como o ser que às lutas
As mãos conserva limpas, impolutas,
Sem as manchas do sangue mau da guerra.

A Perfeição é a alma estar sonhando
Em soluços, soluços, soluçando
As agonias que encontrou na Terra!

Madona da tristeza

Quando te escuto e te olho reverente
E sinto a tua graça triste e bela
De ave medrosa, tímida, singela,
Fico a cismar enternecidamente.

Tua voz, teu olhar, teu ar dolente
Toda a delicadeza ideal revela
E de sonhos e lágrimas estrela
O meu ser comovido e penitente.

Com que mágoa te adoro e te contemplo,
Ó da Piedade soberano exemplo,
Flor divina e secreta da Beleza!

Os meus soluços enchem os espaços,
Quanto te aperto nos estreitos braços,
Solitária madona da Tristeza!

De alma em alma

Tu andas de alma em alma errando, errando,
Como de santuário em santuário,
És o secreto e místico templário
As almas, em silêncio, contemplando.

Não sei que de harpas há em ti vibrando,
Que sons de peregrino estradivário,
Que lembras reverências de sacrário
E de vozes celestes murmurando.

Mas sei que de alma em alma andas perdido,
Atrás de um belo mundo indefinido
De Silêncio, de Amor, de Maravilha.

Vai! Sonhador das nobres reverências!
A alma da Fé tem dessas florescências,
Mesmo da Morte ressuscita e brilha!

IRONIA DE LÁGRIMAS

Junto da Morte é que floresce a Vida!
Andamos rindo junto à sepultura.
A boca aberta, escancarada, escura
Da cova é como flor apodrecida.

A Morte lembra a estranha Margarida
Do nosso corpo, Fausto sem ventura...
Ela anda em torno a toda a criatura
Numa dança macabra indefinida.

Vem revestida em suas negras sedas
E a marteladas lúgubres e tredas[1]
Das Ilusões o eterno esquife prega.

E adeus caminhos vãos, mundos risonhos!
Lá vem a loba que devora os sonhos,
Faminta, absconsa,[2] imponderada, cega!

---

[1] Traiçoeira; falsa.
[2] Oculta; misteriosa.

O GRANDE MOMENTO

Inicia-te, enfim, Alma imprevista,
Entra no seio dos Iniciados.
Esperam-te de luz maravilhados
Os Dons que vão te consagrar Artista.

Toda uma Esfera te deslumbra a vista,
Os ativos sentidos requintados.
Céus e mais céus e céus transfigurados
Abrem-te as portas da imortal Conquista.

Eis o grande Momento prodigioso
Para entrares sereno e majestoso
Num mundo estranho de esplendor sidéreo.

Borboleta de sol, surge da lesma...
Oh! vai, entra na posse de ti mesma,
Quebra os selos augustos do Mistério!

Prodígio!

Como o Rei Lear não sentes à tormenta
Que te desaba na fatal cabeça!
(Que o céu de estrelas todo resplandeça)
A tua alma, na Dor, mais nobre aumenta.

A Desventura mais sanguinolenta
Sobre os teus ombros impiedosa desça,
Seja a treva mais funda e mais espessa...
Todo o teu ser em músicas rebenta.

Em músicas e em flores infinitas
De aromas e de formas esquisitas
E de um mistério singular, nevoento...

Ah! só da Dor o alto farol supremo,
Consegue iluminar, de extremo a extremo,
O estranho mar genial do Sentimento!

COGITAÇÃO

Ah! mas então tudo será baldado?!
Tudo desfeito e tudo consumido?!
No Ergástulo[1] de ergástulos perdido
Tanto desejo e sonho soluçado?!

Tudo se abismará desesperado,
Do desespero do Viver batido,
Na convulsão de um único Gemido
Nas entranhas da Terra concentrado?!

Nas espirais tremendas dos suspiros
A alma congelará nos grandes giros,
Rastejará e rugirá rolando?!

Ou, entre estranhas sensações sombrias,
Melancolias e melancolias,
No eixo da alma de Hamlet irá girando?!

---

[1] Cárcere; masmorra.

GRANDEZA OCULTA

Estes vão para as guerras inclementes,
Os absurdos heróis sanguinolentos,
Alvoroçados, tontos e sedentos
Do clamor e dos ecos estridentes.

Aqueles para os frívolos e ardentes
Prazeres de acres inebriamentos:
Vinhos, mulheres, arrebatamentos
De luxúrias carnais, impenitentes.

Mas Tu, que na alma a imensidade fechas,
Que abriste com teu Gênio fundas brechas
No mundo vil onde a maldade exulta.

Ó delicado espírito de Lendas!
Fica nas tuas Graças estupendas,
No sentimento da grandeza oculta!

Voz fugitiva

Às vezes na tua alma, que adormece
Tanto e tão fundo, alguma voz escuto
De timbre emocional, claro, impoluto
Que uma voz bem amiga me parece.

E fico mudo a ouvi-la, como a prece
De um meigo coração que está de luto
E livre, já, de todo o mal corrupto,
Mesmo as afrontas mais cruéis esquece.

Mas outras vezes, sempre em vão, procuro
Dessa voz singular o timbre puro,
As essências do céu maravilhosas.

Procuro ansioso, inquieto, alvoroçado,
Mas tudo na tua alma está calado,
No silêncio fatal das nebulosas.

Quando será?!

Quando será que tantas almas duras
Em tudo, já libertas, já lavadas
Nas águas imortais, iluminadas
Do sol do Amor, hão de ficar bem puras?

Quando será que as límpidas frescuras
Dos claros rios de ondas estreladas
Dos céus do Bem, hão de deixar clareadas
Almas vis, almas vãs, almas escuras?

Quando será que toda a vasta Esfera,
Toda esta constelada e azul Quimera,
Todo este firmamento estranho e mudo,

Tudo que nos abraça e nos esmaga,
Quando será que uma resposta vaga,
Mas tremenda, hão de dar de tudo, tudo?!

Imortal atitude

Abre os olhos à Vida e fica mudo!
Oh! Basta crer indefinidamente
Para ficar iluminado tudo
De uma luz imortal e transcendente.

Crer é sentir, como secreto escudo,
A alma risonha, lúcida, vidente...
E abandonar o sujo deus cornudo,
O sátiro da Carne impenitente.

Abandonar os lânguidos rugidos,
O infinito gemido dos gemidos,
Que vai no lodo a carne chafurdando.

Erguer os olhos, levantar os braços
Para o eterno Silêncio dos Espaços
E no Silêncio emudecer olhando.

Livre!

Livre! Ser livre da matéria escrava,
Arrancar os grilhões que nos flagelam
E livre penetrar nos Dons que selam
A alma e lhe emprestam toda a etérea lava.

Livre da humana, da terrestre lava
Dos corações daninhos que regelam,
Quando os nossos sentidos se rebelam
Contra a Infâmia bifronte que deprava.

Livre! bem livre para andar mais puro,
Mais junto à Natureza e mais seguro
Do seu Amor, de todas as justiças.

Livre! para sentir a Natureza,
Para gozar, na universal Grandeza,
Fecundas e arcangélicas preguiças.

CÁRCERE DAS ALMAS

Ah! Toda a alma num cárcere anda presa,
Soluçando nas trevas, entre as grades
Do calabouço olhando imensidades,
Mares, estrelas, tardes, natureza.

Tudo se veste de uma igual grandeza
Quando a alma entre grilhões as liberdades
Sonha e sonhando, as imortalidades
Rasga no etéreo Espaço da Pureza.

Ó almas presas, mudas e fechadas
Nas prisões colossais e abandonadas,
Da Dor no calabouço atroz, funéreo!

Nesses silêncios solitários, graves,
Que chaveiro do Céu possui as chaves
Para abrir-vos as portas do Mistério?!

Supremo verbo

—— Vai, Peregrino no caminho santo,
Faz da tua alma lâmpada do cego,
Iluminando, pego sobre pego,
As invisíveis amplidões do Pranto.

Ei-lo, do Amor o cálix sacrossanto!
Bebe-o, feliz, nas tuas mãos o entrego...
És o filho leal, que eu não renego,
Que defendo nas dobras do meu manto.

Assim ao Poeta a Natureza fala!
Enquanto ele estremece ao escutá-la,
Transfigurado de emoção, sorrindo...

Sorrindo a céus que vão se desvendando,
A mundos que se vão multiplicando,
A portas de ouro que se vão abrindo!

Vão arrebatamento

Partes um dia das Curiosidades
Do teu ser singular, partes em busca
De almas irmãs, cujo esplendor ofusca
As celestes, divinas claridades.

Rasgas terras e céus, imensidades,
Dos perigos da Vida a vaga brusca,
Queima-te o sol que na Amplidão corusca
E consola-te a lua das saudades.

Andas por toda a parte, em toda a parte
A sedução das almas a falar-te,
Como da Terra luminosos marcos.

E a sorrir e a gemer e soluçando
Ah! sempre em busca de almas vais andando,
Mas em vez delas encontrando charcos!

Benditas cadeias!

Quando vou pela Luz arrebatado,
Escravo dos mais puros sentimentos,
Levo secretos estremecimentos
Como quem entra em mágico Noivado.

Cerca-me o mundo mais transfigurado
Nesses sutis e cândidos momentos...
Meus olhos, minha boca vão sedentos,
De luz, todo o meu ser iluminado.

    Fico feliz por me sentir escravo
    De um Encanto maior entre os Encantos,
    Livre, na culpa, do mais leve travo.

De ver minh'alma com tais sonhos, tantos,
E que por fim me purifico e lavo
Na água do mais consolador dos prantos!

Único remédio

Como a chama que sobe e que se apaga,
Sobem as vidas a espiral do Inferno.
O desespero é como o fogo eterno
Que o campo quieto em convulsões alaga...

Tudo é veneno, tudo cardo e praga!
E as almas que têm sede de falerno
Bebem apenas o licor moderno
Do tédio pessimista que as esmaga.

Mas a Caveira vem se aproximando,
Vem exótica e nua, vem dançando,
No estrambotismo[1] lúgubre vem vindo.

E tudo acaba então no horror insano
— desespero do Inferno e tédio humano
Quando, de esguelha, a Morte surge, rindo...

---

[1] Do que é estrambótico, ou seja, esquisito, extravagante.

Floresce!

Floresce, vive para a Natureza,
Para o Amor imortal, largo e profundo,
O Bem supremo de esquecer o mundo
Reside nessa límpida grandeza.

Floresce para a Fé, para a Beleza
Da Luz, que é como um vasto mar sem fundo,
Amplo, inflamado, mágico, fecundo,
De ondas de resplendor e de pureza.

Andas em vão na Terra, apodrecendo
À toa pelas trevas, esquecendo
A Natureza e os seus aspectos calmos.

Diante da luz que a Natureza encerra
Andas a apodrecer por sobre a Terra,
Antes de apodrecer nos sete palmos!

Deus do Mal

Espírito do Mal, ó deus perverso
Que tantas almas dúbias acalentas,
Veneno tentador na luz disperso
Que a própria luz e a própria sombra tentas;

Símbolo atroz das culpas do Universo,
Espelho fiel das convulsões violentas,
Do gasto coração no lodo imerso
Das tormentas vulcânicas, sangrentas;

    Toda a tua sinistra trajetória
    Tem um brilho de lágrima ilusória,
    As melodias mórbidas do Inferno...

És Mal, mas sendo Mal és soluçante,
Sem a graça divina e consolante,
Réprobo estranho do Perdão eterno!

A harpa

Prende, arrebata, enleva, atrai, consola
A harpa tangida por convulsos dedos,
Vivem nela mistérios e segredos,
É *berceuse,* é balada, é barcarola.

Harmonia nervosa que desola,
Vento noturno dentre os arvoredos
A erguer fantasmas e secretos medos
Nas suas cordas um soluço rola...

Tua alma é como esta harpa peregrina,
Que tem sabor de música divina
E só pelos eleitos é tangida.

Harpa dos céus que pelos céus murmura
E que enche os céus da música mais pura,
Como de uma saudade indefinida.

Almas indecisas

Almas ansiosas, trêmulas, inquietas,
Fugitivas abelhas delicadas
Das colmeias de luz das alvoradas,
Almas de melancólicos poetas.

Que dor fatal e que emoções secretas
Vos tornam sempre assim desconsoladas,
Na pungência de todas as espadas,
Na dolência de todos os ascetas?!

Nessa esfera em que andais, sempre indecisa,
Que tormento cruel vos nirvaniza,
Que agonias titânicas são essas?!

Porque não vindes. Almas imprevistas,
Para a missão das límpidas Conquistas
E das augustas, imortais Promessas?!

Celeste abrigo

Estrela triste a refletir na lama,
Raio de luz a cintilar na poeira,
Tens a graça sutil e feiticeira,
A doçura das curvas e da chama.

Do teu olhar um fluido se derrama
De tão suave, cândida maneira,
Que és a sagrada pomba alvissareira
Que para o Amor toda a minha alma chama.

Meu ser anseia por teu doce apoio,
Nos outros seres só encontra joio,
Mas só no teu todo o divino trigo.

Sou como um cego sem bordão de arrimo
Que do teu ser, tateando, me aproximo
Como de um céu dê carinhoso abrigo.

Mudez perversa

Que mudez infernal teus lábios cerra
Que ficas vago, para mim olhando,
Na atitude da pedra, concentrando
No entanto, na alma, convulsões de guerra!

A mim tal fel essa mudez encerra,
Tais demônios revéis a estão forjando,
Que antes te visse morto, desabando
Sobre o teu corpo grossas pás de terra.

    Não te quisera nesse atroz e sumo
    Mutismo horrível que não gera nada,
    Que não diz nada, não tem fundo e rumo.

Mutismo de tal dor desesperada,
Que, quando o vou medir com o estranho prumo
Da alma, fico com a alma alucinada!

Coração confiante

O Coração que sente vai sozinho,
Arrebatado, sem pavor, sem medo...
Leva dentro de si raro segredo
Que lhe serve de guia no Caminho.

Vai no alvoroço, no celeste vinho
Da luz, os bosques acordando cedo,
Quando de cada trêmulo arvoredo
Parte o sonoro e matinal carinho.

E o Coração vai nobre e vai confiante,
Festivo como a flâmula radiante,
Agitada, bizarra, pelos ventos...

Vai palpitando, ardente, emocionado,
O velho Coração arrebatado,
Preso por loucos arrebatamentos!

Espírito imortal

Espírito imortal que me fecundas
Com a chama dos viris entusiasmos,
Que transformas em gládios os sarcasmos
Para punir as multidões profundas!

Ó alma que transbordas, que me inundas
De brilhos, de ecos, de emoções, de pasmos,
E fazes acordar de atros marasmos
Minha alma, em tédios por charnecas fundas.

Força genial e sacrossanta e augusta,
Divino Alerta para o Esquecimento,
Voz companheira, carinhosa e justa.

Tens minha Mão, num doce movimento,
Sobre essa Mão angélica e robusta,
Espírito imortal do Sentimento!

CRÊ!

Vê como a Dor te transcendentaliza!
Mas do fundo da Dor crê nobremente.
Transfigura o teu ser na força crente
Que tudo toma belo e diviniza.

Que seja a Crença uma celeste brisa
Inflando as velas dos batéis do Oriente
Do teu Sonho supremo, onipotente,
Que nos astros do céu se cristaliza.

Tua alma e coração fiquem mais graves,
Iluminados por carinhos suaves,
Na doçura imortal sorrindo e crendo...

Oh! crê! Toda a alma humana necessita
De uma Esfera de cânticos, bendita,
Para andar crendo e para andar gemendo!

Alma fatigada

Nem dormir nem morrer na fria Eternidade!
Mas repousar um pouco e repousar um tanto,
Os olhos enxugar das convulsões do pranto,
Enxugar e sentir a ideal serenidade.

A graça do consolo e da tranquilidade
De um céu de carinhoso e perfumado encanto,
Mas sem nenhum carnal e mórbido quebranto,
Sem o tédio senil da vã perpetuidade.

Um sonho lirial de estrelas desoladas,
Onde as almas febris, exaustas, fatigadas,
Possam se recordar e repousar tranquilas!

Um descanso de Amor, de celestes miragens,
Onde eu goze outra luz de místicas paisagens
E nunca mais pressinta o remexer de argilas!

Flor nirvanizada

Ó cegos corações, surdos ouvidos,
Bocas inúteis, sem clamor, fechadas,
Almas para os mistérios apagadas,
Sem segredos, sem eco e sem gemidos.

Consciências hirsutas,[1] de bandidos,
Vesgas, nefandas e desmanteladas,
Portas de ferro, com furor trancadas,
Dos ócios maus histéricos Vencidos.

Desenterrai-vos das sangrentas furnas
Sinistras, cabalísticas, noturnas,
Onde ruge o Pecado caudaloso...

Fazei da Dor, do triste Gozo humano,
A Flor do Sentimento soberano,
A flor nirvanizada de outro Gozo!

---

[1] Grosseiro; rude.

Feliz

Ser de beleza, de melancolia,
Espírito de graça e de quebranto,
Deus te bendiga o doloroso pranto,
Enxugue as tuas lágrimas um dia.

Se a tua alma é de estrela e de harmonia,
Se o que vem dela tem divino encanto,
Deus a proteja no sagrado manto,
No céu, que é o vale azul da Nostalgia.

Deus a proteja na Felicidade
Do sonho, do mistério, da saudade,
De cânticos, de aroma e luz ardente.

E sê feliz e sê feliz subindo,
Subindo, a Perfeição na alma sentindo
Florir e alvorecer libertamente!

CRUZADA NOVA

Vamos saber das almas os segredos,
Os círculos patéticos da Vida,
Dar-lhes a luz do Amor compadecida
E defendê-las dos secretos medos.

Vamos fazer dos áridos rochedos
Manar a água lustral e apetecida,
Pelo ansioso coração bebida
No silêncio e na sombra de arvoredos.

Essas irmãs furtivas das estrelas,
Se não formos depressa defendê-las,
Morrerão sem encanto e sem carinho.

Paladinos da límpida Cruzada!
Conquistemos, sem lança e sem espada,
As almas que encontrarmos no Caminho.

O SONETO

Nas formas voluptuosas o Soneto
Tem fascinante, cálida fragrância
E as leves, langues[1] curvas de elegância
De extravagante e mórbido esqueleto.

A graça nobre e grave do quarteto
Recebe a original intolerância,
Toda a sutil, secreta extravagância
Que transborda terceto por terceto,

    E como um singular polichinelo
    Ondula, ondeia, curioso e belo,
    O Soneto, nas formas caprichosas.

As rimas dão-lhe a púrpura vetusta
E na mais rara procissão augusta
Surge o sonho das almas dolorosas...

---

[1] Lânguida; desfalecido; voluptuoso.

Fogos-Fátuos

Há certas almas vãs, galvanizadas
De emoção, de pureza, de bondade,
Que como toda a azul imensidade
Chegam a ser de súbito estreladas.

E ficam como que transfiguradas
Por momentos, na vaga suavidade
De quem se eleva com serenidade
Às risonhas, celestes madrugadas.

Ao Sonho e ninguém sabe mais por onde
Mas nada às vezes nelas corresponde
Anda essa falsa e fugitiva chama...

É que no fundo, na secreta essência,
Essas almas de triste decadência
São lama sempre e sempre serão lama.

Mundo inacessível

Tua alma lembra um mundo inacessível
Onde só astros e águias vão pairando,
Onde se escuta, trágica, cantando,
A sinfonia da Amplidão terrível!

Toda a alma que não seja alta e sensível,
Que asas não tenha para as ir vibrando,
Nessa Região secreta penetrando,
Falece, morre, dum pavor incrível!

É preciso ter asas e ter garras
Para atingir aos ruídos de fanfarras
Do mundo da tua alma augusta e forte.

É preciso subir ígneas montanhas
E emudecer, entre visões estranhas,
Num sentimento mais sutil que a Morte!

Consolo amargo

Mortos e mortos, tudo vai passando,
Tudo pelos abismos se sumindo...
Enquanto sobre a Terra ficam rindo
Uns, e já outros, pálidos, chorando...

Todos vão trêmulos finalizando,
Para os gelados túmulos partindo,
Descendo ao tremedal eterno, infindo,
Mortos e mortos num sinistro bando.

Tudo passa espetral e doloroso,
Pulverulentamente nebuloso
Como num sonho, num fatal letargo...

Mas a quem chora os mortos, entretanto,
O Esquecimento vem e enxuga o pranto...
E é esse apenas o consolo amargo!

Vinho negro

O Vinho negro do imortal pecado
Envenenou nossas humanas veias
Como fascinações de atras sereias
De um inferno sinistro e perfumado.

O sangue canta, o sol maravilhado
Do nosso corpo, em ondas fartas, cheias,
Como que quer rasgar essas cadeias
Em que a carne o retém acorrentado.

E o sangue chama o vinho negro e quente
Do pecado letal, impenitente,
O vinho negro do pecado inquieto.

E tudo nesse vinho mais se apura,
Ganha outra graça, forma e formosura,
Grave beleza de esplendor secreto.

ETERNOS ATALAIAS

Os sentimentos servem de atalaias
Para guiar as multidões errantes
Que caminham tremendo, vacilantes
Pelas desertas, infinitas praias...

Abrangendo da Terra as fundas raias,
Atingindo as esferas mais distantes,
São como incensos, mirras odorantes,
Miraculosas, fúlgidas alfaias.

Tudo em que tocam logo transfiguram,
Encantam tudo, tudo em torno apuram,
Penetram, sem cessar, por toda parte.

Alma por alma em toda a parte inflamam,
E grandes, largos, imortais, derramam
As melancólicas estrelas da Arte!

Perante a Morte

Perante a Morte empalidece e treme,
Treme perante a Morte, empalidece.
Coroa-te de lágrimas, esquece
O Mal cruel que nos abismos geme.

Ah! longe o Inferno que flameja e freme,
Longe a Paixão que só no horror floresce...
A alma precisa de silêncio e prece,
Pois na prece e silêncio nada teme.

Silêncio e prece no fatal segredo,
Perante o pasmo do sombrio medo
Da Morte e os seus aspectos reverentes...

Silêncio para o desespero insano,
O furor gigantesco e sobre-humano,
A dor sinistra de ranger os dentes!

O ASSINALADO

Tu és o louco da imortal loucura,
O louco da loucura mais suprema.
A terra é sempre a tua negra algema,
Prende-te nela a extrema Desventura.

Mas essa mesma algema de amargura,
Mas essa mesma Desventura extrema
Faz que tua alma suplicando gema
E rebente em estrelas de ternura.

Tu és o Poeta, o grande Assinalado
Que povoas o mundo despovoado,
De belezas eternas pouco a pouco.

Na Natureza prodigiosa e rica
Toda a audácia dos nervos justifica
Os teus espasmos imortais de louco!

Acima de tudo

Da gota d'água de um carinho agreste
Geram-se os oceanos da Bondade.
O coração que é livre e bom reveste
Tudo de encanto e simples majestade.

Ascender para a Luz é ser celeste,
Novos astros sentir na imensidade
Da alma e ficar nessa inconsútil veste
Da divina e serena claridade.

O que é consolador e o que é supremo
Toda alma encontra no caminho extremo,
Quando atinge às estrelas da pureza.

É apenas trazer o Ser liberto
De tudo, e transformar cada deserto
Num sonho virginal da Natureza!

Imortal falerno

Quando as Esferas da Ilusão transponho
Vejo sempre tua alma — essa galera
Feita das rosas brancas da Quimera,
Sempre a vagar no estranho mar do Sonho.

Nem aspecto nublado nem tristonho!
Sempre uma doce e constelada Esfera,
Sempre uma voz clamando: — espera, espera,
Lá no fundo de um céu sempre risonho.

Sempre uma voz dos Ermos, das Distâncias!
Sempre as longínquas, mágicas fragrâncias
De uma voz imortal, divina, pura...

E tua boca, sonhador eterno,
Sempre sequiosa desse azul falerno
Da esperança do céu que te procura.

Luz da Natureza

Luz que eu adoro, grande Luz que eu amo,
Movimento vital da Natureza,
Ensina-me os segredos da Beleza
E de todas as vozes por quem chamo.

Mostra-me a Raça, o peregrino Ramo
Dos Fortes e dos Justos da Grandeza,
Ilumina e suaviza esta rudeza
Da vida humana, onde combato e clamo.

Desta minh'alma a solidão de prantos
Cerca com os teus leões de brava crença,
Defende com os teus gládios[1] sacrossantos.

Dá-me enlevos, deslumbra-me, da imensa
Porta esferal, dos constelados mantos
Onde a Fé do meu Sonho se condensa!

---

[1] Combate; força.

Asas abertas

As asas da minh'alma estão abertas!
Podes te agasalhar no meu Carinho,
Abrigar-te de frios no meu ninho
Com as tuas asas trêmulas, incertas.

Tua alma lembra vastidões desertas
Onde tudo é gelado e é só espinho.
Mas na minh'alma encontrarás o Vinho
E as graças todas do Conforto certas.

Vem! Há em mim o eterno Amor imenso
Que vai tudo florindo e fecundando
E sobe aos céus como sagrado incenso.

Eis a minh'alma, as asas palpitando,
Como a saudade de agitado lenço
O segredo dos longes procurando...

Velho

Estás morto, estás velho, estás cansado!
Como um sulco de lágrimas pungidas,
Ei-las, as rugas, as indefinidas
Noites do ser vencido e fatigado.

Envolve-te o crepúsculo gelado
Que vai soturno amortalhando as vidas
Ante o responso em músicas gemidas
No fundo coração dilacerado.

A cabeça pendida de fadiga,
Sentes a morte taciturna e amiga
Que os teus nervosos círculos governa.

Estás velho, estás morto! Ó dor, delírio,
Alma despedaçada de martírio,
Ó desespero da Desgraça eterna!

Eternidade retrospectiva

Eu me recordo de já ter vivido,
Mudo e só por olímpicas Esferas,
Onde era tudo velhas primaveras
E tudo um vago aroma indefinido.

Fundas regiões do Pranto e do Gemido,
Onde as almas mais graves, mais austeras
Erravam como trêmulas quimeras
Num sentimento estranho e comovido.

As estrelas longínquas e veladas
Recordavam violáceas madrugadas,
Um clarão muito leve de saudade.

Eu me recordo de imaginativos
Luares liriais, contemplativos
Por onde eu já vivi na Eternidade!

ALMA MATER

Alma da Dor, do Amor e da Bondade,
Alma purificada no Infinito,
Perdão Santo de tudo o que é maldito,
Harpa consoladora da Saudade!

Das estrelas serena virgindade,
Caminho dos rosais do Azul bendito,
Alma sem um soluço e sem um grito,
Da alta Resignação, da alta Piedade!

   Tu, que as profundas lágrimas estancas
   E sabes levantar Imagens brancas
   No silêncio e na sombra mais velada...

Derrama os lírios, os teus lírios castos,
Em jordões imortais, vastos e vastos,
No fundo da minh'alma lacerada!

O CORAÇÃO

O Coração é a sagrada pira
Onde o mistério do sentir flameja.
A vida da emoção ele a deseja
Como a harmonia as cordas de uma lira.

Um anjo meigo e cândido suspira
No coração e o purifica e beija...
E o que ele, o coração, aspira, almeja
É sonho que de lágrimas delira.

É sempre sonho e também é piedade,
Doçura, compaixão e suavidade
E graça e bem, misericórdia pura.

Uma harmonia que dos anjos desce,
Que como estrela e flor e som floresce
Maravilhando toda a criatura!

Invulnerável

Quando dos carnavais da raça humana
Forem caindo as máscaras grotescas
E as atitudes mais funambulescas[1]
Se desfizerem no feroz Nirvana;

Quando tudo ruir na febre insana,
Nas vertigens bizarras, pitorescas
De um mundo de emoções carnavalescas
Que ri da Fé profunda e soberana;

Vendo passar a lúgubre, funérea
Galeria sinistra da Miséria,
Com as máscaras do rosto descoladas;

Tu que és o deus, o deus invulnerável,
Resiste a tudo e fica formidável,
No Silêncio das noites estreladas!

---

[1] Extravagantes.

Lírio lutuoso

Essência das essências delicadas,
Meu perfumoso e tenebroso lírio,
Oh! dá-me a glória de celeste Empíreo
Da tua alma nas sombras encantadas.

Subindo lento escadas por escadas,
Nas espirais nervosas do Martírio,
Das Ânsias, da Vertigem, do Delírio,
Vou em busca de mágicas estradas.

Acompanha-me sempre o teu perfume,
Lírio da Dor, que o Mal e o Bem resume,
Estrela negra, tenebroso fruto.

Oh! dá-me a glória do teu ser nevoento
Para que eu possa haurir o sentimento
Das lágrimas acerbas do teu luto!

A GRANDE SEDE

Se tens sede de Paz e de Esperança,
Se estás cego de Dor e de Pecado,
Valha-te o Amor, o grande abandonado,
Sacia a sede com amor, descansa.

Ah! volta-te a esta zona fresca e mansa
Do Amor e ficarás desafogado,
Hás de ver tudo claro, iluminado
Da luz que uma alma que tem fé alcança.

O coração que é puro e que é contrito,
Se sabe ter doçura e ter dolência,
Revive nas estrelas do Infinito.

Revive, sim, fica imortal, na essência
Dos Anjos paira, não desprende um grito
E fica, como os Anjos, na Existência.

Domus aurea

De bom amor e de bom fogo claro
Uma casa feliz se acaricia...
Basta-lhe luz e basta-lhe harmonia
Para ela não ficar no desamparo.

O sentimento, quando é nobre e raro,
Veste tudo de cândida poesia...
Um bem celestial dele irradia,
Um doce bem, que não é parco e avaro.

Um doce bem que se derrama em tudo,
Um segredo imortal, risonho e mudo,
Que nos leva debaixo da sua asa.

E os nossos olhos ficam rasos de água
Quando, rebentos de uma oculta mágoa,
São nossos filhos todo o céu da casa.

Um ser

Um ser na placidez da Luz habita,
Entre os mistérios inefáveis mora.
Sente florir nas lágrimas que chora
A alma serena, celestial, bendita.

Um ser pertence à música infinita
Das Esferas, pertence à luz sonora
Das estrelas do Azul e hora por hora
Na Natureza virginal palpita.

Um ser desdenha das fatais poeiras,
Dos miseráveis ouropéis mundanos
E de todas as frívolas cegueiras...

Ele passa, atravessa entre os humanos,
Como a vida das vidas forasteiras,
Fecundada nos próprios desenganos.

O GRANDE SONHO

Sonho profundo, o Sonho doloroso,
Doloroso e profundo Sentimento!
Vai, vai nas harpas trêmulas do vento
Chorar o teu mistério tenebroso.

Sobe dos astros ao clarão radioso,
Aos leves fluidos do luar nevoento,
Às urnas de cristal do firmamento,
Ó velho Sonho amargo e majestoso!

Sobe às estrelas rútilas e frias,
Brancas e virginais eucaristias,
De onde uma luz de eterna paz escorre.

Nessa Amplidão das Amplidões austeras
Chora o Sonho profundo das Esferas,
Que nas azuis Melancolias morre...

CONDENAÇÃO FATAL

Ó Mundo, que és o exílio dos exílios,
Um monturo[1] de fezes putrefato,
Onde o ser mais gentil, mais timorato
Dos seres vis circula nos concílios;

Onde de almas em pálidos idílios
O lânguido perfume mais ingrato
Magoa tudo e é triste, como o tato
De um cego embalde levantando os cílios;

Mundo de peste, de sangrenta fúria
E de flores leprosas da luxúria,
De flores negras, infernais, medonhas;

Oh! como são sinistramente feios
Teus aspectos de fera, os teus meneios
Pantéricos, ó Mundo, que não sonhas!

---

[1] Esterqueira; grande quantidade.

Alma ferida

Alma ferida pelas negras lanças
Da Desgraça, ferida do Destino,
Alma, de que a amargura tece o hino
Sombrio das cruéis desesperanças;

Não desças, Alma feita das heranças
Da Dor, não desças do teu céu divino.
Cintila como o espelho cristalino
Das sagradas, serenas esperanças.

Mesmo na Dor espera com clemência
E sobe à sideral resplandecência,
Longe de um mundo que só tem peçonha.

Das ruínas de tudo ergue-te pura
E eternamente na suprema Altura,
Suspira, sofre, cisma, sente, sonha!

Alma solitária

Ó Alma doce e triste e palpitante!
Que cítaras soluçam solitárias
Pelas Regiões longínquas, visionárias
Do teu Sonho secreto e fascinante!

Quantas zonas de luz purificante,
Quantos silêncios, quantas sombras várias
De esferas imortais, imaginárias,
Falam contigo, ó Alma cativante!

Que chama acende os teus faróis noturnos
E veste os teus mistérios taciturnos
Dos esplendores do arco de aliança?

Por que és assim, melancolicamente,
Como um arcanjo infante, adolescente,
Esquecido nos vales da Esperança?!

Visionários

Amam batalhas pelo mundo adiante
Os que vagam no mundo visionários,
Abrindo as áureas portas de sacrários
Do Mistério soturno e palpitante.

O coração flameja a cada instante
Com brilho estranho, com fervores vários,
Sente a febre dos bons missionários
Da ardente catequese fecundante.

Os visionários vão buscar frescura
De água celeste na cisterna pura
Da esperança por horas nebulosas...

Buscam frescura, um outro novo encanto...
E livres, belos através do pranto,
Falam baixo com as almas misteriosas!

Demônios

A língua vil, ignívoma,[1] purpúrea
Dos pecados mortais bava e braveja,
Com os seres impoluídos mercadeja,
Mordendo-os fundo, injúria sobre injúria.

É um grito infernal de atroz luxúria,
Dor de danados, dor de Caos que almeja,
A toda alma serena que viceja,
Só fúria, fúria, fúria, fúria, fúria!

   São pecados mortais feitos hirsutos
   Demônios maus que os venenosos frutos
   Morderam com volúpias de quem ama...

Vermes da inveja, a lesma verde e oleosa,
Anões da Dor torcida e cancerosa,
Abortos de almas a sangrar na lama!

---

[1] Que vomita fogo.

ÓDIO SAGRADO

Ó meu ódio, meu ódio majestoso,
Meu ódio santo e puro e benfazejo,
Unge-me a fronte com teu grande beijo,
Torna-me humilde e torna-me orgulhoso.

Humilde, com os humildes generoso,
Orgulhoso com os seres sem Desejo,
Sem Bondade, sem Fé e sem lampejo
De sol fecundador e carinhoso.

Ó meu ódio, meu lábaro bendito,
De minha alma agitada no infinito,
Através de outros lábaros sagrados.

Ódio são, ódio bom! sê meu escudo
Contra os vilões do Amor, que infamam tudo,
Das sete torres dos mortais Pecados!

Exortação

Corpo crivado de sangrentas chagas,
Que atravessas o mundo soluçando,
Que as carnes vais ferindo e vais rasgando
Do fundo de Ilusões velhas e vagas;

Grande isolado das terrestres plagas,
Que vives as Esferas contemplando,
Braços erguidos, olhos no ar, olhando
A etérea chama das conquistas magas;

Se é de silêncio e sombra passageira,
De cinza, desengano e de poeira
Este mundo feroz que te condena;

Embora ansiosamente, amargamente
Revela tudo o que tua alma sente,
Para ela então poder ficar serena!

BONDADE

É a bondade que te faz formosa,
Que a alma te diviniza e transfigura;
É a bondade a rosa da ternura,
Que te perfuma com perfume à rosa.

Teu ser angelical de luz bondosa,
Verte em meu ser a mais sutil doçura,
Uma celeste, límpida frescura,
Um encanto, uma paz maravilhosa.

Eu afronto contigo os vampirismos,
Os corruptos e mórbidos abismos,
Que em vão busquem tentar-me no Caminho.

Na suave, na doce claridade,
No consolo de amor dessa bondade
Bebo a tua alma como etéreo vinho.

Na luz

De soluço em soluço a alma gravita,
De soluço em soluço a alma estremece,
Anseia, sonha, se recorda, esquece
E no centro da Luz dorme contrita.

Dorme na paz sacramental, bendita,
Onde tudo mais puro resplandece,
Onde a Imortalidade refloresce
Em tudo, e tudo em cânticos palpita.

Sereia celestial entre as sereias,
Ela só quer despedaçar cadeias,
De soluço em soluço, a alma nervosa.

Ela só quer despedaçar algemas
E respirar nas Amplidões supremas,
Respirar, respirar na luz radiosa.

CAVADOR DO INFINITO

    Com a lâmpada do Sonho desce aflito
    E sobe aos mundos mais imponderáveis,
    Vai abafando as queixas implacáveis,
    Da alma o profundo e soluçado grito.

Ânsias, Desejos, tudo a fogo escrito
Sente, em redor, nos astros inefáveis.
Cava nas fundas eras insondáveis
O cavador do trágico Infinito.

    E quanto mais pelo Infinito cava
    Mais o Infinito se transforma em lava
    E o cavador se perde nas distâncias...

Alto levanta a lâmpada do Sonho,
E com seu vulto pálido e tristonho
Cava os abismos das eternas ânsias!

Santos óleos

Com os santos óleos de que vens ungido
Podes andar no mundo sem receio.
Quem veio para a Luz, por certo veio
Para ser valoroso e ser temido.

Que tudo é embalde, tudo em vão, perdido,
Quando se traz esse divino anseio,
Esse doce transporte ou doce enleio,
Que deixa tudo e tudo confundido.

A Alma que como a vela chega ao porto
Sente o melhor consolador conforto
E a asa nas asas dos Arcanjos toca...

Os santos óleos são a luz guiadora
Que vigia por ti na pecadora
Terra e o teu mundo celestial evoca!

Sorriso interior

O ser que é ser e que jamais vacila
Nas guerras imortais entra sem susto,
Leva consigo este brasão augusto
Do grande amor, da grande fé tranquila.

Os abismos carnais da triste argila
Ele os vence sem ânsias e sem custo...
Fica sereno, num sorriso justo,
Enquanto tudo em derredor oscila.

Ondas interiores de grandeza
Dão-lhe esta glória em frente à Natureza,
Esse esplendor, todo esse largo eflúvio.

O ser que é ser transforma tudo em flores...
E para ironizar as próprias dores
Canta por entre as águas do Dilúvio!

Mealheiro de almas

Lá das colheitas do celeste trigo
Deus ainda escolhe a mais louçã colheita:
É a alma mais serena e mais perfeita
Que ele destina conservar consigo.

Fica lá, livre, isenta de perigo,
Tranquila, pura, límpida, direita
A alma sagrada que resume a seita
Dos que fazem do Amor eterno Abrigo.

Ele quer essas almas, os pães alvos
Das aras celestiais, claros e salvos
Da Terra em busca das Esferas calmas.

Ele quer delas todo o amor primeiro
Para formar o cândido mealheiro[1]
Que há de estrelar todo o Infinito de almas.

---

[1] Caixa de esmolas; bens.

Espasmos

Alma das gerações, alma lendária,
Que tens tanto de Hamlet, tanto de Ofélia,
A candidez da rórida[1] camélia
E as lágrimas da sede hereditária;

Alma dormente, tumultuosa, vária,
Acorde de harpa misteriosa e célia,
Virgindade selvagem de bromélia,
Alma do Eleito, do Plebeu, do Pária;

És a chama do Amor, negro-vermelha
De onde rompeu a fúlgida centelha
Que a Flor de fogo fez gerar no Dante.

Com teus espasmos e delicadezas,
Nervosas e secretas sutilezas,
Enches todo este abismo soluçante!

---

[1] Orvalhada.

Evocação

Oh! Lua voluptuosa e tentadora,
Ao mesmo tempo trágica e funesta,
Lua em fundo revolto de floresta
E de sonho de vaga embaladora;

Langue visão mortal e sedutora,
Dos vergéis siderais pálida giesta,
Divindade sutil da morna sesta,
Da lasciva paixão fascinadora;

    Flor fria, flor algente,[1] flor gelada
    Do desconsolo e dos esquecimentos
    E do anseio e da febre atormentada;

Tu, que soluças pelos céus nevoentos
Longo soluço mágico de fada,
Dá-me os teus doces acalentamentos!

---

[1] Fria; insensível.

No seio da terra

Do pélago dos pélagos sombrios,
Lá do seio da Terra olhando as vidas,
Escuto o murmurar de almas perdidas,
Como o secreto murmurar dos rios.

Trazem-me os ventos negros calafrios
E os soluços das almas doloridas,
Que têm sede das Terras prometidas,
E morrem como abutres erradios.

As ânsias sobem, as tremendas ânsias!
Velhices, mocidades e as infâncias
Humanas entre a Dor se despedaçam...

Mas sobre tantos convulsivos gritos,
Passam horas, espaços, infinitos,
Esferas, gerações, sonhando, passam!

Anima mea

Ó minh'alma, ó minh'alma, o meu Abrigo,
Meu sol e minha sombra peregrina,
Luz imortal que os mundos ilumina
Do velho Sonho, meu fiel Amigo;

Estrada ideal de São Tiago, antigo
Templo da minha Fé, casta e divina,
De onde é que vem toda esta mágoa fina
Que é, no entanto, consolo e que eu bendigo?

    De onde é que vem tanta esperança vaga,
    De onde vem tanto anseio que me alaga,
    Tanta diluída e sempiterna mágoa?

Ah! de onde vem toda essa estranha essência
De tanta misteriosa transcendência,
Que estes olhos me deixa rasos de água?!

Sempre o sonho

Para encantar os círculos da Vida
E ser tranquilo, sonhador, confiante,
Sempre trazer o coração radiante,
Como um rio e rosais junto de ermida.

Beber na vinha celestial, garrida
Das estrelas o vinho flamejante
E caminhar vitorioso e ovante
Como um deus, com a cabeça enflorescida.

Sorrir, amar para alargar os mundos
Do Sentimento e para ter profundos
Momentos e momentos soberanos.

Para sentir em torno à terra ondeando
Um sonho, sempre um sonho além rolando
Vagas e vagas de imortais oceanos.

Aspiração suprema

Como os cegos e os nus pede um abrigo
A alma que vive a tiritar de frio,
Lembra um arbusto frágil e sombrio
Que necessita do bom sol amigo.

Tem ais de dor de trêmulo mendigo
Oscilante, sonâmbulo, erradio.
É como um tênue, cristalino fio
De estrelas, como etéreo e louro trigo.

E a alma aspira o celestial orvalho,
Aspira o céu, o límpido agasalho,
Sonha, deseja e anseia a luz do Oriente...

Tudo ela inflama de um estranho beijo.
E este Anseio, este Sonho, este Desejo
Enche as Esferas soluçantemente!

INEFÁVEL

Nada há que me domine e que me vença
Quando a minha alma mudamente acorda...
Ela rebenta em flor, ela transborda
Nos alvoroços da emoção imensa.

Sou como um Réu de celestial Sentença,
Condenado do Amor, que se recorda
Do Amor e sempre no Silêncio borda
De estrelas todo o céu em que erra e pensa.

Claros, meus olhos tornam-se mais claros
E tudo vejo dos encantos raros
E de outras mais serenas madrugadas!

Todas as vozes que procuro e chamo
Ouço-as dentro de mim porque eu as amo
Na minha alma volteando arrebatadas!

Ser dos seres

No teu ser de silêncio e de esperança
A doce luz das Amplidões flameja.
Ele sente, ele aspira, ele deseja
A grande zona da imortal Bonança.

Pelos largos espaços se balança
Como a estrela infinita que dardeja,
Sempre isento da Treva que troveja
O clamor inflamado da Vingança.

Por entre enlevos e deslumbramentos
Entre na Força astral dos sentimentos
E do Poder nos mágicos poderes.

E traz, mau grado os íntimos cansaços,
Ânsias secretas para abrir os braços
Na generosa comunhão dos Seres!

Sexta-feira santa

Lua absíntica, verde, feiticeira,
Pasmada como um vício monstruoso...
Um cão estranho fuça na esterqueira,
Uivando para o espaço fabuloso.

É esta a negra e santa Sexta-feira!
Cristo está morto, como um vil leproso,
Chagado e frio, na feroz cegueira
Da Morte, o sangue roxo e tenebroso.

A serpente do mal e do pecado
Um sinistro veneno esverdeado
Verte do Morto na mudez serena.

Mas da sagrada Redenção do Cristo,
Em vez do grande Amor, puro, imprevisto,
Brotam fosforescências de gangrena!

Sentimento esquisito

Ó céu estéril dos desesperados,
Forma impassível de cristal sidéreo,
Dos cemitérios velho cemitério,
Onde dormem os astros delicados.

Pátria de estrelas dos abandonados,
Casulo azul do anseio vago, aéreo,
Formidável muralha de mistério
Que deixa os corações desconsolados.

Céu imóvel milênios e milênios,
Tu que iluminas a visão dos Gênios
E ergues das almas o sagrado acorde.

Céu estéril, absurdo, céu imoto,[1]
Faz dormir no teu seio o Sonho ignoto,
Esta serpente que alucina e morde...

---

[1] Imóvel; quieto.

Clamor supremo

Vem comigo por estas cordilheiras!
Põe teu manto e bordão e vem comigo,
Atravessa as montanhas sobranceiras
E nada temas do mortal Perigo!

Sigamos para as guerras condoreiras!
Vem, resoluto, que eu irei contigo.
Dentre as águias e as chamas, feiticeiras,
Só tenho a Natureza por abrigo.

    Rasga florestas, bebe o sangue todo
    Da terra e transfigura em astros lodo,
    O próprio lodo toma mais fecundo.

Basta trazer um coração perfeito,
Alma de eleito, Sentimento eleito
Para abalar de lado a lado o mundo!

Ansiedade

Esta ansiedade que nos enche o peito,
Enche o céu, enche o mar, fecunda a terra,
Ela os germens puríssimos encerra
Do Sentimento límpido, perfeito.

Em jorros cristalinos o direito,
A paz vencendo as convulsões da guerra,
A liberdade que abre as asas e erra
Pelos caminhos do Infinito eleito.

Tudo na mesma ansiedade gira,
Rola no Espaço, de entre a luz suspira
E chora, chora, amargamente chora...

Tudo nos turbilhões da Imensidade
Se confunde na trágica ansiedade
Que almas, estrelas, amplidões devora.

Grande amor

Grande amor, grande amor, grande mistério
Que as nossas almas trêmulas enlaça...
Céu que nos beija, céu que nos abraça
Num abismo de luz profundo e sério.

Eterno espasmo de um desejo etéreo
E bálsamo dos bálsamos de graça,
Chama secreta que nas almas passa
E deixa nelas um clarão sidéreo.

Cântico de anjos e de arcanjos vagos
Junto às águas sonâmbulas de lagos,
Sob as claras estrelas desprendido...

Selo perpétuo, puro e peregrino,
Que prende as almas num igual destino,
Num beijo fecundado num gemido.

Silêncios

Largos Silêncios interpretativos,
Adoçados por funda nostalgia,
Balada de consolo e simpatia
Que os sentimentos meus torna cativos.

Harmonia de doces lenitivos,
Sombra, segredo, lágrima, harmonia
Da alma serena, da alma fugidia
Nos seus vagos espasmos sugestivos.

   Ó Silêncio! ó cândidos desmaios,
   Vácuos fecundos de celestes raios
   De sonhos, no mais límpido cortejo...

Eu vos sinto os mistérios insondáveis,
Como de estranhos anjos inefáveis
O glorioso esplendor de um grande beijo!

A MORTE

Oh! que doce tristeza e que ternura
No olhar ansioso, aflito dos que morrem...
De que âncoras profundas se socorrem
Os que penetram nessa noite escura!

Da vida aos frios véus da sepultura
Vagos momentos trêmulos decorrem...
E dos olhos as lágrimas escorrem
Como faróis da humana Desventura.

Descem então aos golfos congelados
Os que na terra vagam suspirando,
Com os velhos corações tantalizados.

Tudo negro e sinistro vai rolando
Báratro[1] abaixo, aos ecos soluçados
Do vendaval da Morte ondeando, uivando...

---

[1] Abismo; inferno.

Só!

Muito embora as estrelas do Infinito
Lá de cima me acenem carinhosas
E desça das esferas luminosas
A doce graça de um clarão bendito;

Embora o mar, como um revel proscrito,
Chame por mim nas vagas ondulosas
E o vento venha em cóleras medrosas
O meu destino proclamar num grito;

Neste mundo tão trágico, tamanho,
Como eu me sinto fundamente estranho
E o amor e tudo para mim avaro!...

Ah! como eu sinto compungidamente,
Por entre tanto horror indiferente,
Um frio sepulcral de desamparo!

Fruto envelhecido

Do coração no envelhecido fruto
É só desolação e é só tortura.
O frio soluçante da amargura
Envolve o coração num fundo luto.

O fantasma da Dor pérfido e astuto
Caminha junto a toda a criatura.
A alma por mais feliz e por mais pura
Tem de sofrer o esmagamento bruto.

É preciso humildade, é necessário
Fazer do coração branco sacrário
E a hóstia elevar do Sentimento eterno.

Em tudo derramar o Amor profundo,
Derramar o Perdão no caos do mundo,
Sorrir ao céu e bendizer o Inferno.

ÊXTASE BÚDICO

Abre-me os braços, Solidão profunda,
Reverência do céu, solenidade
Dos astros, tenebrosa majestade,
Ó planetária comunhão fecunda!

Óleo da noite, sacrossanto, inunda
Todo o meu ser, dá-me essa castidade,
As azuis florescências da saudade,
Graça das Graças imortais oriunda!

As estrelas cativas no teu seio
Dão-me um tocante e fugitivo enleio,
Embalam-me na luz consoladora!

Abre-me os braços, Solidão radiante,
Funda, fenomenal e soluçante,
Larga e búdica Noite redentora!

Triunfo supremo

Quem anda pelas lágrimas perdido,
Sonâmbulo dos trágicos flagelos,
É quem deixou para sempre esquecido
O mundo e os fúteis ouropéis mais belos!

É quem ficou do mundo redimido,
Expurgado dos vícios mais singelos
E disse a tudo o adeus indefinido
E desprendeu-se dos carnais anelos!

É quem entrou por todas as batalhas
As mãos e os pés e o flanco ensanguentando,
Amortalhado em todas as mortalhas.

Quem florestas e mares foi rasgando
E entre raios, pedradas e metralhas,
Ficou gemendo, mas ficou sonhando!

Assim seja

Fecha os olhos e morre calmamente!
Morre sereno do Dever cumprido!
Nem o mais leve, nem um só gemido
Traia, sequer, o teu Sentir latente.

Morre com a alma leal, clarividente,
Da Crença errando no Vergel florido
E o Pensamento pelos céus brandido
Como um gládio soberbo e refulgente.

Vai abrindo sacrário por sacrário
Do teu Sonho no templo imaginário,
Na hora glacial da negra Morte imensa...

Morre com o teu Dever! Na alta confiança
De quem triunfou e sabe que descansa,
Desdenhando de toda a Recompensa!

Renascimento

A Alma não fica inteiramente morta!
Vagas Ressurreições do Sentimento
Abrem já, devagar, porta por porta,
Os palácios reais do Encantamento!

Morrer! Findar! Desfalecer! que importa
Para o secreto e fundo movimento
Que a alma transporta, sublimiza e exorta,
Ao grande Bem do grande Pensamento!

Chamas novas e belas vão raiando,
Vão se acendendo os límpidos altares
E as almas vão sorrindo e vão orando...

E pela curva dos longínquos ares
Ei-las que vêm, como o imprevisto bando
Dos albatrozes dos estranhos mares...

Pacto de almas

A Nestor Vítor
Por devotamento e admiração
12 de outubro de 1897

I
Para sempre

Ah! para sempre! para sempre! Agora
Não nos separaremos nem um dia...
Nunca mais, nunca mais, nesta harmonia
Das nossas almas de divina aurora.

A voz do céu pode vibrar sonora
Ou do Inferno a sinistra sinfonia,
Que num fundo de astral melancolia
Minha alma com a tua alma goza e chora.

Para sempre está feito o augusto pacto!
Cegos seremos do celeste tacto,
Do Sonho envoltos na estrelada rede.

E perdidas, perdidas no Infinito
As nossas almas, no clarão bendito,
Hão de enfim saciar toda esta sede...

II
LONGE DE TUDO

E livres, livres desta vã matéria,
Longe, nos claros astros peregrinos
Que havemos de encontrar os dons divinos
E a grande paz, a grande paz sidérea.

Cá nesta humana e trágica miséria,
Nestes surdos abismos assassinos
Teremos de colher de atros destinos
A flor apodrecida e deletéria.

   O baixo mundo que troveja e brama
   Só nos mostra a caveira e só a lama,
   Ah! só a lama e movimentos lassos...

Mas as almas irmãs, almas perfeitas,
Hão de trocar, nas Regiões eleitas,
Largos, profundos, imortais abraços!

III
Alma das almas

Alma das almas, minha irmã gloriosa,
Divina irradiação do Sentimento,
Quando estarás no azul Deslumbramento,
Perto de mim, na grande Paz radiosa?!

Tu que és a lua da Mansão de rosa
Da Graça e do supremo Encantamento,
O círio astral do augusto Pensamento
Velando eternamente a Fé chorosa;

    Alma das almas, meu consolo amigo,
    Seio celeste, sacrossanto abrigo,
    Serena e constelada imensidade;

Entre os teus beijos de etereal carícia,
Sorrindo e soluçando de delícia,
Quando te abraçarei na Eternidade?!

Guia de leitura

O Simbolismo em panorama

Cristina Garófalo Porini[1]

A segunda metade do século XIX, tanto na Europa como no Brasil, foi marcada de forma especial pelo caráter cientificista: correntes como o Positivismo (teoria de Auguste Comte, defendendo que só pode ser considerado verdadeiro aquilo que se comprova cientificamente por meio de experiências), o Determinismo (teoria de Hippolyte Taine, defendendo que o homem não tem livre-arbítrio; seu comportamento está, portanto, pré-determinado por três fatores: a raça, o meio e o momento) e o Evolucionismo (teoria de Charles Darwin; defende a seleção natural de todos os seres vivos e, portanto, o homem é influenciado por instintos animais. Para evoluir, a adaptação ao meio é indispensável: apenas os mais fortes, os que melhor se adaptam, sobrevivem) são provas de que a sociedade estava assentada em bases materialistas; no campo da Literatura, o Realismo e o Naturalismo eram os estilos praticados. Como reação a esse contexto, no final desse século surgiu o Simbolismo — uma nova forma inclusive de pensar a literatura, buscando-se cada vez mais a fusão de diversos estímulos para que se alcance a verdade inerente às coisas. Em 1886, dois textos marcam seu surgimento na França: o *Manifesto do Simbolismo,* de Jean Moreás (1856–1910), e o *Tratado do Verbo,* de René Ghil (1862–1925).

---

[1] Graduada em Letras pela Universidade de São Paulo e em Relações Públicas pela Faculdade de Comunicação Social Cásper Líbero, professora de Língua Portuguesa, Literatura e Redação para o ensino médio na rede particular de ensino e em cursos pré--vestibulares, redatora e revisora de textos.

Na prática, significava que em uma poesia, por exemplo, buscava-se também o que estava subentendido — fundidos, as cores, os odores, a musicalidade dos versos eram símbolos que apontavam para a investigação daquilo que estava apenas na superfície do papel. Ou, nas palavras de Stéphane Mallarmé (1842–1898), poeta simbolista francês, "Nomear um objeto, é suprimir três quartos do prazer do poema que é obtido ao adivinhar-se pouco a pouco: sugeri-lo, esse é o sonho. (...) ...evocar pouco a pouco um objeto para mostrar um estado de alma, ou, inversamente, escolher um objeto e tirar dele um estado de alma, por uma série de decifrações."[2]

Percebe-se, então, que o Simbolismo se aproxima do Romantismo, principalmente ao valorizar a subjetividade. Porém, a intenção dos poetas simbolistas é ultrapassar o ponto alcançado pelos românticos, buscando o que está além — um recurso técnico bastante usado com esse fim são as maiúsculas alegorizantes: a busca pelo Belo, por exemplo, significa a busca pelo conceito, pela essência deste, e não por algo apenas aparentemente belo ou agradável aos olhos terrenos. Essa trajetória se dá não por meio da razão, mas daquilo que a Arte pode despertar no Homem: daí a forte presença do ambiente onírico e muitas vezes espiritual, uma vez que o Homem tenta transcender o mundo material em busca da essência, do Absoluto.

No Brasil, o Simbolismo mostrou-se mais um estilo literário importado da França — tanto que seus artistas não se desligaram de preceitos relacionados ao Parnasianismo, como o distanciamento em relação ao contexto econômico e social até então vigentes; além disso, percebe-se que não houve dedicação exclusiva a essa "nova escola". Na Europa, porém, o Simbolismo é considerado antecedente de vanguardas como o Surrealismo e o Expressionismo.

---

[2] MALLARMÉ. Stéphane. *Oeuvres complètes*. Paris: Gallimard, 2003. 2 v. In: STROPARO, Sandra M. *O caminho do silêncio: Mallarmé e Blanchot*. Letras de Hoje, Porto Alegre, v.48, n.2, p.191-198, abr./jun. 2013. Disponível em http://revistaseletronicas.pucrs.br/civitas/ojs/index.php/fale/article/download/12704/9164. Acesso em 05/03/2014.

Sobre Cruz e Sousa

João da Cruz e Sousa nasceu em 24 de novembro de 1861, em Nossa Senhora do Desterro (atualmente, Florianópolis) — SC. Era filho de um casal de escravos alforriados e recebeu educação do Marechal Guilherme Xavier de Sousa, ex-proprietário de seus pais; dessa relação vem o sobrenome do poeta.

Aos 20 anos, Cruz e Sousa já dirigia o jornal Tribuna Popular, cuja bandeira era o combate à escravidão. Aos 22 anos, apesar da esmerada educação que recebeu, não pôde ser promotor da cidade de Laguna — e afirma-se que tal decisão ocorreu pelo fato de o jovem ser negro. Aos 24 anos, lançou seu primeiro livro, *Tropos e Fantasias*, livro de contos com alguns elementos subjetivos e seu posicionamento favorável à causa abolicionista.

Aos 29 anos, mudou-se para o Rio de Janeiro e tornou-se colaborador do jornal Folha Popular. Em 1893, publicou dois livros, *Missal* e *Broquéis*, ambos marco do Simbolismo no Brasil; vale ressaltar que, no momento de tais lançamentos, as obras passaram praticamente despercebidas tanto pelo público como pela crítica literária. Nesse mesmo ano, casou-se e, dessa relação com Gavita Gonçalves, teve quatro filhos, sendo dois natimortos; segundo seus biógrafos, tais mortes, decorrentes da tuberculose, levaram a esposa à loucura. Cruz e Sousa logo falece, igualmente em decorrência da tuberculose, em 1898, aos 36 anos.

São de publicação póstuma as obras *Evocações*, *Faróis*, *Últimos Sonetos*, *Outras evocações*, *O livro derradeiro* e *Dispersos*.

QUESTIONÁRIO[3]*

As próximas 4 questões referem-se a "Post Mortem", poema de *Broquéis*:

1. Perceba os substantivos escritos com maiúsculas (Formas, Fama, Estrela, Morte, etc). Relacione tal opção com o sentimento do eu-lírico.

2. O primeiro verso do poema apresenta um oxímoro. Destaque-o e relacione-o com o conteúdo do poema.

3. No primeiro terceto, percebe-se a ocorrência do polissíndeto. Identifique tal verso e relacione-o com o conteúdo do poema.

4. De que modo os tercetos são conflitantes entre si? Responda com base nas sensações térmicas sugeridas.

As próximas 3 questões referem-se a "Tédio", poema de *Faróis*

5. O vocabulário de "Tédio" é um elemento que chama a atenção do leitor. Por qual motivo essa seleção lexical teria sido feita? Justifique sua resposta com elementos retirados do texto.

6. O que o Tédio gera nas pessoas? Relacione sua resposta à figura do poeta maldito.

7. Qual diferença entre ritmo pode ser observada ao se aproximar *Broquéis* e *Faróis*?

---

[3] Sugere-se ao professor, ao utilizar alguma das questões em atividades, que trechos mais específicos do enredo sejam indicados aos alunos, a fim de lhes orientar a resolução dos exercícios.

* Professores podem obter o gabarito das questões dessa seção entrando em contato com o departamento editorial.

As próximas 3 questões referem-se ao poema "A morte", de *Últimos sonetos*

8. De qual estilo literário precedente "A morte" pode ser aproximado? Justifique sua resposta?

9. Destaque do texto versos que atendam ao ideário simbolista, como a) sinestesia; b) musicalidade; c) preferência pelo impreciso.

10. O que sugere a sonoridade do último verso? Identifique uma figura sonora ao justificar sua resposta.

QUESTÕES DE VESTIBULAR

1. (ITA – 2013) O poema abaixo traz a seguinte característica da escola literária em que se insere:

Violões que Choram...

Cruz e Sousa

Ah! plangentes violões dormentes, mornos,
soluços ao luar, choros ao vento...
Tristes perfis, os mais vagos contornos,
bocas murmurejantes de lamento.

Noites de além, remotas, que eu recordo,
noites de solidão, noites remotas
que nos azuis da Fantasia bordo,
vou constelando de visões ignotas.

Sutis palpitações à luz da lua,
anseio dos momentos mais saudosos,
quando lá choram na deserta rua
as cordas vivas dos violões chorosos.

a) tendência à morbidez.
b) lirismo sentimental e intimista.
c) precisão vocabular e economia verbal.
d) depuração formal e destaque para a sensualidade feminina.
e) registro da realidade através da percepção sensorial do poeta.

2. (UCS – 2012) O Simbolismo foi um movimento literário de grande repercussão na produção dos escritores brasileiros.

Nesse período, eles buscaram evocar e sugerir imagens, explorando as experiências sensoriais. Leia o fragmento do poema *Cárcere das Almas*, de Cruz e Souza, um dos representantes do Simbolismo.

Tudo se veste de uma igual grandeza
Quando a alma entre grilhões as liberdades
Sonha e sonhando, as imortalidades
Rasga no etéreo Espaço da Pureza.

(TUFANO, Douglas. *Estudos de literatura brasileira*. 4 ed. rev. e ampl. São Paulo: Moderna, 1988. p. 173.)

Analise a veracidade (V) ou a falsidade (F) das proposições abaixo, sobre o fragmento do poema.

( ) Nesse fragmento, é possível perceber o estado onírico, uma das características típicas do período literário em questão.
( ) O sujeito-lírico deseja a liberdade, buscando encontrá-la no mundo das aparências.
( ) Ao grafar as palavras **Espaço** e **Pureza** em maiúsculo, o poeta sugere uma personificação das ideias contidas nesses vocábulos.

Assinale a alternativa que preenche corretamente os parênteses de cima para baixo.
a) V – F – F
b) V – V – V
c) F – V – F
d) V – F – V
e) F – V – V

3. (UESC – 2011)
Ah! lilásis de Ângelus harmoniosos,
Neblinas vesperais, crepusculares,
Guslas gementes, bandolins saudosos,
Plangências magoadíssimas dos ares...

Serenidades etereais d'incensos,
De salmos evangélicos, sagrados,
Saltérios, harpas dos Azuis imensos,
Névoas de céus espiritualizados.
[...]
É nas horas dos Ângelus, nas horas
Do claro-escuro emocional aéreo,
Que surges, Flor do Sol, entre as sonoras
Ondulações e brumas do Mistério.
[...]
Apareces por sonhos neblinantes
Com requintes de graça e nervosismos,
fulgores flavos de festins flamantes,
como a Estrela Polar dos Simbolismos.

Marque V ou F, conforme sejam as afirmativas verdadeiras ou falsas. Os versos de Cruz e Sousa traduzem a estética simbolista, pois apresentam

( ) descrição sintética do mundo imediato.
( ) uso de recursos estilísticos criando imagens sensoriais.
( ) enfoque de uma realidade transfigurada pelo transcendente.
( ) apreensão de um dado da realidade sugestivamente ambígua.
( ) imagens poéticas que tematizam o amor em sua dimensão física.

A alternativa que contém a sequência correta, de cima para baixo, é a
a) F – V – V – V – F
b) V – F – F – V – F
c) V – F – V – V – F
d) V – F – V – F – F
e) V – F – V – F – V

4. (PUC-PR – 2009) Assinale o que for INCORRETO a respeito da estética simbolista e da poesia de Cruz e Sousa.

a) Os poetas simbolistas se opunham ao objetivismo cientificista dos realistas/naturalistas.
b) Cruz e Sousa é o maior representante da estética simbolista no país. Porém, nas primeiras décadas do século XX, observa-se uma grande expansão do Simbolismo no Sul do Brasil, sendo o Paraná um dos estados com maior número de manifestações poéticas dessa escola, seja pelas revistas que foram criadas, seja pelos poetas que foram revelados.
c) Verifica-se na estética simbolista o culto à musicalidade do poema, em sintonia com a busca pela espiritualidade, um dos temas predominantes na poesia de Cruz e Sousa.
d) O Simbolismo brasileiro recupera de modo inequívoco os procedimentos e os temas do Romantismo, valorizando o sentimento nacionalista e as ideias abolicionistas.
e) Para os simbolistas, a poesia, experiência transcendente, é uma forma pela qual se alcança o sentido oculto das coisas e das vivências.

5. (UFG – 2007) Leia o poema de Cruz e Sousa.

ACROBATA DA DOR

Gargalha, ri, num riso de tormenta,
Como um palhaço, que desengonçado,
Nervoso, ri, num riso absurdo, inflado
De uma ironia e de uma dor violenta.

Da gargalhada atroz, sanguinolenta,
Agita os guizos, e convulsionado
Salta, "gavroche", salta, "clown", varado
Pelo estertor dessa agonia lenta...

Pedem-te bis e um bis não se despreza!
Vamos! retesa os músculos, retesa
Nessas macabras piruetas d'aço...

E embora caias sobre o chão, fremente,
Afogado em teu sangue estuoso e quente,
Ri! Coração, tristíssimo palhaço.

Vocabulário:
"gavroche": garoto de rua que brinca, faz estripulias
"clown": palhaço
estertor: respiração rouca típica dos doentes terminais
estuoso: que ferve, que jorra

Uma característica simbolista do poema apresentado é a:
a) linguagem denotativa na composição poética.
b) biografia do poeta aplicada à ótica analítica.
c) perspectiva fatalista da condição amorosa.
d) exploração de recursos musicais e figurativos.
e) presença de estrangeirismos e de barbarismos.

6. (PUC-PR – 2007) Identifique nos versos finais do poema "O assinalado", de Cruz e Sousa citados os elementos que caracterizam a poesia simbolista do autor. Depois assinale a alternativa correta.

"Tu és o Poeta, o grande Assinalado
que povoas o mundo despovoado,
de belezas eternas, pouco a pouco.

Na Natureza prodigiosa e rica
Toda a audácia dos nervos justifica
Os teus espasmos imortais de louco!"

a) A poesia é criação de belezas eternas.
b) A poesia é a linguagem que provoca a loucura do poeta.
c) O poeta se distingue dos mortais comuns porque é louco.
d) A natureza oculta a loucura do poeta.
e) O poeta á assinalado porque contribui para povoar o mundo.

7. (PUC-PR – 2006) REBELADO

Ri tua face um riso acerbo e doente,
que fere, ao mesmo tempo que contrista...
Riso de ateu e riso de budista
gelado no Nirvana impenitente.
(...)

Na estrofe do poema "Rebelado", de Cruz e Sousa, é possível identificar características do Simbolismo. Assinale a alternativa que as identifica:
a) musicalidade marcada por aliterações e assonâncias, paradoxos, religiosidade, exotismo, uso de reticências.
b) musicalidade marcada por ritmo binário, antíteses, evocação de sentimentos atrozes, exotismo.
c) musicalidade marcada por aliterações e assonâncias, uso de maiúsculas, vagueza dos adjetivos, falsa religiosidade.
d) musicalidade marcada por aliterações, assonâncias e ritmo binário, uso de maiúsculas, vagueza dos adjetivos, falsa religiosidade.
e) paradoxos, religiosidade, exotismo, humor e sentimentos de exclusão.

8. (UFMG – 2003) Com base na leitura de *Broquéis*, de Cruz e Sousa, é INCORRETO afirmar que se trata de uma poesia
a) de tendência naturalista, que se compraz na descrição mórbida dos sentimentos, embora mostre otimismo em relação ao homem.
b) próxima da música, não apenas no plano temático, mas, sobretudo, no trabalho detalhista da sonoridade.
c) abstrata, pois se afasta de situações cotidianas e, além disso, exprime um intenso sentimento de dor e de angústia.
d) de atmosfera intensamente misteriosa, criada pelo forte impulso de transfiguração da realidade imediata.

9. (ITA – 2002) Leia os seguintes versos:

Mais claro e fino do que as finas pratas
O som da tua voz deliciava...
Na dolência velada das sonatas
Como um perfume a tudo perfumava.

Era um som feito luz, eram volatas
Em lânguida espiral que iluminava,
Brancas sonoridades de cascatas...
Tanta harmonia melancolizava.

Assinale a alternativa que reúne as características simbolistas presentes no texto:
a) Sinestesia, aliteração, sugestão.
b) Clareza, perfeição formal, objetividade.
c) Aliteração, objetividade, ritmo constante.
d) Perfeição formal, clareza, sinestesia.
e) Perfeição formal, objetividade, sinestesia.

10. (UEPG – 2001) *Broquéis*, obra de Cruz e Sousa que inaugura histórica e esteticamente o Simbolismo no Brasil (1893), é marcante pela exploração das virtualidades da palavra. Um de seus poemas é "Sinfonias do Ocaso":

Musselinosas como brumas diurnas
Descem do ocaso as sombras harmoniosas,
Sombras veladas e musselinosas
Para as profundas solidões noturnas.

Sacrários virgens, sacrossantas urnas,
Os céus resplendem de sidéreas rosas,
Da Lua e das Estrelas majestosas
Iluminando a escuridão das furnas.

Ah! por estes sinfônicos ocasos
A terra exala aromas de áureos vasos.
Incensos de turíbulos divinos.

Os plenilúnios mórbidos vaporam...
E como que no Azul plangem e choram
Cítaras, harpas, bandolins, violinos....

Neste poema, estão presentes aspectos recorrentes na estética simbolista, como

01) intuição, musicalidade e espiritualidade.
02) tentativa de superação no transcendental e no místico, e culto da imprecisão.
04) sondagem da realidade oculta das coisas, sugestão e harmonia.
08) emprego de palavras raras e expressivas, e exploração da musicalidade das palavras.
16) valorização do gosto burguês, nacionalismo e impressionismo na linguagem.

Gabarito

1. e
2. d
3. a
4. d
5. d
6. a
7. a
8. a
9. a
10. 15

O OBJETIVO, A FILOSOFIA E A MISSÃO DA EDITORA MARTIN CLARET

O principal objetivo da Martin Claret é contribuir para a difusão da educação e da cultura, por meio da democratização do livro, usando os canais de comercialização habituais, além de criar novos.

A filosofia de trabalho da Martin Claret consiste em produzir livros de qualidade a um preço acessível, para que possam ser apreciados pelo maior número possível de leitores.

A missão da Martin Claret é conscientizar e motivar as pessoas a desenvolver e utilizar o seu pleno potencial espiritual, mental, emocional e social.

O livro muda as pessoas. Revolucione-se: leia mais para ser mais!

MARTIN CLARET

Relação dos Volumes Publicados

1. Dom Casmurro
   Machado de Assis
2. O Príncipe
   Maquiavel
3. Mensagem
   Fernando Pessoa
4. O Lobo do Mar
   Jack London
5. A Arte da Prudência
   Baltasar Gracián
6. Iracema / Cinco Minutos
   José de Alencar
7. Inocência
   Visconde de Taunay
8. A Mulher de 30 Anos
   Honoré de Balzac
9. A Moreninha
   Joaquim Manuel de Macedo
10. A Escrava Isaura
    Bernardo Guimarães
11. As Viagens - "Il Milione"
    Marco Polo
12. O Retrato de Dorian Gray
    Oscar Wilde
13. A Volta ao Mundo em 80 Dias
    Júlio Verne
14. A Carne
    Júlio Ribeiro
15. Amor de Perdição
    Camilo Castelo Branco
16. Sonetos
    Luis de Camões
17. O Guarani
    José de Alencar
18. Memórias Póstumas de Brás Cubas
    Machado de Assis
19. Lira dos Vinte Anos
    Álvares de Azevedo
20. Apologia de Sócrates / Banquete
    Platão
21. A Metamorfose/Um Artista da Fome/Carta a Meu Pai
    Franz Kafka
22. Assim Falou Zaratustra
    Friedrich Nietzsche
23. Triste Fim de Policarpo Quaresma
    Lima Barreto
24. A Ilustre Casa de Ramires
    Eça de Queirós
25. Memórias de um Sargento de Milícias
    Manuel António de Almeida
26. Robinson Crusoé
    Daniel Defoe
27. Espumas Flutuantes
    Castro Alves
28. O Ateneu
    Raul Pompeia
29. O Noviço / O Juiz de Paz da Roça / Quem Casa Quer Casa
    Martins Pena
30. A Relíquia
    Eça de Queirós
31. O Jogador
    Dostoiévski
32. Histórias Extraordinárias
    Edgar Allan Poe
33. Os Lusíadas
    Luis de Camões
34. As Aventuras de Tom Sawyer
    Mark Twain
35. Bola de Sebo e Outros Contos
    Guy de Maupassant
36. A República
    Platão
37. Elogio da Loucura
    Erasmo de Rotterdam
38. Caninos Brancos
    Jack London
39. Hamlet
    William Shakespeare
40. A Utopia
    Thomas More
41. O Processo
    Franz Kafka
42. O Médico e o Monstro
    Robert Louis Stevenson
43. Ecce Homo
    Friedrich Nietzsche
44. O Manifesto do Partido Comunista
    Marx e Engels
45. Discurso do Método / Regras para a Direção do Espírito
    René Descartes
46. Do Contrato Social
    Jean-Jacques Rousseau
47. A Luta pelo Direito
    Rudolf von Ihering
48. Dos Delitos e das Penas
    Cesare Beccaria
49. A Ética Protestante e o Espírito do Capitalismo
    Max Weber
50. O Anticristo
    Friedrich Nietzsche
51. Os Sofrimentos do Jovem Werther
    Goethe
52. As Flores do Mal
    Charles Baudelaire
53. Ética a Nicômaco
    Aristóteles
54. A Arte da Guerra
    Sun Tzu
55. Imitação de Cristo
    Tomás de Kempis
56. Cândido ou o Otimismo
    Voltaire
57. Rei Lear
    William Shakespeare
58. Frankenstein
    Mary Shelley
59. Quincas Borba
    Machado de Assis
60. Fedro
    Platão
61. Política
    Aristóteles
62. A Viuvinha / Encarnação
    José de Alencar
63. As Regras do Método Sociológico
    Émile Durkheim
64. O Cão dos Baskervilles
    Sir Arthur Conan Doyle
65. Contos Escolhidos
    Machado de Assis
66. Da Morte / Metafísica do Amor / Do Sofrimento do Mundo
    Arthur Schopenhauer
67. As Minas do Rei Salomão
    Henry Rider Haggard
68. Manuscritos Econômico-Filosóficos
    Karl Marx
69. Um Estudo em Vermelho
    Sir Arthur Conan Doyle
70. Meditações
    Marco Aurélio
71. A Vida das Abelhas
    Maurice Materlinck
72. O Cortiço
    Aluísio Azevedo
73. Senhora
    José de Alencar
74. Brás, Bexiga e Barra Funda / Laranja da China
    Antônio de Alcântara Machado
75. Eugênia Grandet
    Honoré de Balzac
76. Contos Gauchescos
    João Simões Lopes Neto
77. Esaú e Jacó
    Machado de Assis
78. O Desespero Humano
    Soren Kierkegaard
79. Dos Deveres
    Cícero
80. Ciência e Política
    Max Weber
81. Satíricon
    Petrônio
82. Eu e Outras Poesias
    Augusto dos Anjos
83. Farsa de Inês Pereira / Auto da Barca do Inferno / Auto da Alma
    Gil Vicente
84. A Desobediência Civil e Outros Escritos
    Henry David Toreau
85. Para Além do Bem e do Mal
    Friedrich Nietzsche
86. A Ilha do Tesouro
    R. Louis Stevenson
87. Marília de Dirceu
    Tomás A. Gonzaga
88. As Aventuras de Pinóquio
    Carlo Collodi
89. Segundo Tratado Sobre o Governo
    John Locke
90. Amor de Salvação
    Camilo Castelo Branco
91. Broquéis/Faróis/Últimos Sonetos
    Cruz e Souza
92. I-Juca-Pirama / Os Timbiras / Outros Poemas
    Gonçalves Dias
93. Romeu e Julieta
    William Shakespeare
94. A Capital Federal
    Arthur Azevedo
95. Diário de um Sedutor
    Sören Kierkegaard
96. Carta de Pero Vaz de Caminha a El-Rei Sobre o Achamento do Brasil
97. Casa de Pensão
    Aluísio Azevedo
98. Macbeth
    William Shakespeare

99. Édipo Rei/Antígona
   Sófocles
100. Lucíola
   José de Alencar
101. As Aventuras de Sherlock Holmes
   Sir Arthur Conan Doyle
102. Bom-Crioulo
   Adolfo Caminha
103. Helena
   Machado de Assis
104. Poemas Satíricos
   Gregório de Matos
105. Escritos Políticos / A Arte da Guerra
   Maquiavel
106. Ubirajara
   José de Alencar
107. Diva
   José de Alencar
108. Eurico, o Presbítero
   Alexandre Herculano
109. Os Melhores Contos
   Lima Barreto
110. A Luneta Mágica
   Joaquim Manuel de Macedo
111. Fundamentação da Metafísica dos Costumes e Outros Escritos
   Immanuel Kant
112. O Príncipe e o Mendigo
   Mark Twain
113. O Domínio de Si Mesmo pela Auto-Sugestão Consciente
   Emile Coué
114. O Mulato
   Aluisio Azevedo
115. Sonetos
   Florbela Espanca
116. Uma Estadia no Inferno / Poemas / Carta do Vidente
   Arthur Rimbaud
117. Várias Histórias
   Machado de Assis
118. Fédon
   Platão
119. Poesias
   Olavo Bilac
120. A Conduta para a Vida
   Ralph Waldo Emerson
121. O Livro Vermelho
   Mao Tsé-Tung
122. Oração aos Moços
   Rui Barbosa
123. Otelo, o Mouro de Veneza
   William Shakespeare
124. Ensaios
   Ralph Waldo Emerson
125. De Profundis / Balada do Cárcere de Reading
   Oscar Wilde
126. Crítica da Razão Prática
   Immanuel Kant
127. A Arte de Amar
   Ovídio Naso
128. O Tartufo ou O Impostor
   Molière
129. Metamorfoses
   Ovídio Naso
130. A Gaia Ciência
   Friedrich Nietzsche
131. O Doente Imaginário
   Molière
132. Uma Lágrima de Mulher
   Aluisio Azevedo
133. O Último Adeus de Sherlock Holmes
   Sir Arthur Conan Doyle
134. Canudos - Diário de uma Expedição
   Euclides da Cunha
135. A Doutrina de Buda
   Siddharta Gautama
136. Tao Te Ching
   Lao-Tsé
137. Da Monarquia / Vida Nova
   Dante Alighieri
138. A Brasileira de Prazins
   Camilo Castelo Branco
139. O Velho da Horta/Quem Tem Farelos?/Auto da Índia
   Gil Vicente
140. O Seminarista
   Bernardo Guimarães
141. O Alienista / Casa Velha
   Machado de Assis
142. Sonetos
   Manuel du Bocage
143. O Mandarim
   Eça de Queirós
144. Noite na Taverna / Macário
   Alvares de Azevedo
145. Viagens na Minha Terra
   Almeida Garrett
146. Sermões Escolhidos
   Padre Antonio Vieira
147. Os Escravos
   Castro Alves
148. O Demônio Familiar
   José de Alencar
149. A Mandrágora / Belfagor, o Arquidiabo
   Maquiavel
150. O Homem
   Aluisio Azevedo
151. Arte Poética
   Aristóteles
152. A Megera Domada
   William Shakespeare
153. Alceste/Electra/Hipólito
   Eurípedes
154. O Sermão da Montanha
   Huberto Rohden
155. O Cabeleira
   Franklin Távora
156. Rubáiyát
   Omar Khayyám
157. Luzia-Homem
   Domingos Olimpio
158. A Cidade e as Serras
   Eça de Queirós
159. A Retirada da Laguna
   Visconde de Taunay
160. A Viagem ao Centro da Terra
   Júlio Verne
161. Caramuru
   Frei Santa Rita Durão
162. Clara dos Anjos
   Lima Barreto
163. Memorial de Aires
   Machado de Assis
164. Bhagavad Gita
   Krishna
165. O Profeta
   Khalil Gibran
166. Aforismos
   Hipócrates
167. Kama Sutra
   Vatsyayana
168. Histórias de Mowgli
   Rudyard Kipling
169. De Alma para Alma
   Huberto Rohden
170. Orações
   Cicero
171. Sabedoria das Parábolas
   Huberto Rohden
172. Salomé
   Oscar Wilde
173. Do Cidadão
   Thomas Hobbes
174. Porque Sofremos
   Huberto Rohden
175. Einstein: o Enigma do Universo
   Huberto Rohden
176. A Mensagem Viva do Cristo
   Huberto Rohden
177. Mahatma Gandhi
   Huberto Rohden
178. A Cidade do Sol
   Tommaso Campanella
179. Setas para o Infinito
   Huberto Rohden
180. A Voz do Silêncio
   Helena Blavatsky
181. Frei Luís de Sousa
   Almeida Garrett
182. Fábulas
   Esopo
183. Cântico de Natal/ Os Carrilhões
   Charles Dickens
184. Contos
   Eça de Queirós
185. O Pai Goriot
   Honoré de Balzac
186. Noites Brancas e Outras Histórias
   Dostoiévski
187. Minha Formação
   Joaquim Nabuco
188. Pragmatismo
   William James
189. Discursos Forenses
   Enrico Ferri
190. Medeia
   Eurípedes
191. Discursos de Acusação
   Enrico Ferri
192. A Ideologia Alemã
   Marx & Engels
193. Prometeu Acorrentado
   Esquilo
194. Iaiá Garcia
   Machado de Assis
195. Discursos no Instituto dos Advogados Brasileiros / Discurso no Colégio Anchieta
   Rui Barbosa
196. Édipo em Colono
   Sófocles
197. A Arte de Curar pelo Espírito
   Joel S. Goldsmith
198. Jesus, o Filho do Homem
   Khalil Gibran
199. Discurso sobre a Origem e os Fundamentos da Desigualdade entre os Homens
   Jean-Jacques Rousseau
200. Fábulas
   La Fontaine
201. O Sonho de uma Noite de Verão
   William Shakespeare

202. MAQUIAVEL, O PODER
José Nivaldo Junior

203. RESSURREIÇÃO
Machado de Assis

204. O CAMINHO DA FELICIDADE
Huberto Rohden

205. A VELHICE DO PADRE ETERNO
Guerra Junqueiro

206. O SERTANEJO
José de Alencar

207. GITANJALI
Rabindranath Tagore

208. SENSO COMUM
Thomas Paine

209. CANAÃ
Graça Aranha

210. O CAMINHO INFINITO
Joel S. Goldsmith

211. PENSAMENTOS
Epicuro

212. A LETRA ESCARLATE
Nathaniel Hawthorne

213. AUTOBIOGRAFIA
Benjamin Franklin

214. MEMÓRIAS DE
SHERLOCK HOLMES
Sir Arthur Conan Doyle

215. O DEVER DO ADVOGADO /
POSSE DE DIREITOS PESSOAIS
Rui Barbosa

216. O TRONCO DO IPÊ
José de Alencar

217. O AMANTE DE LADY
CHATTERLEY
D. H. Lawrence

218. CONTOS AMAZÔNICOS
Inglês de Souza

219. A TEMPESTADE
William Shakespeare

220. ONDAS
Euclides da Cunha

221. EDUCAÇÃO DO HOMEM
INTEGRAL
Huberto Rohden

222. NOVOS RUMOS PARA A
EDUCAÇÃO
Huberto Rohden

223. MULHERZINHAS
Louise May Alcott

224. A MÃO E A LUVA
Machado de Assis

225. A MORTE DE IVAN ILICH
/ SENHORES E SERVOS
Leon Tolstói

226. ÁLCOOIS E OUTROS POEMAS
Apollinaire

227. PAIS E FILHOS
Ivan Turguêniev

228. ALICE NO PAÍS DAS
MARAVILHAS
Lewis Carroll

229. À MARGEM DA HISTÓRIA
Euclides da Cunha

230. VIAGEM AO BRASIL
Hans Staden

231. O QUINTO EVANGELHO
Tomé

232. LORDE JIM
Joseph Conrad

233. CARTAS CHILENAS
Tomás Antônio Gonzaga

234. ODES MODERNAS
Anntero de Quental

235. DO CATIVEIRO BABILÔNICO
DA IGREJA
Martinho Lutero

236. O CORAÇÃO DAS TREVAS
Joseph Conrad

237. THAIS
Anatole France

238. ANDRÓMACA / FEDRA
Racine

239. AS CATILINÁRIAS
Cícero

240. RECORDAÇÕES DA CASA
DOS MORTOS
Dostoiévski

241. O MERCADOR DE VENEZA
William Shakespeare

242. A FILHA DO CAPITÃO /
A DAMA DE ESPADAS
Aleksandr Púchkin

243. ORGULHO E PRECONCEITO
Jane Austen

244. A VOLTA DO PARAFUSO
Henry James

245. O GAÚCHO
José de Alencar

246. TRISTÃO E ISOLDA
Lenda Medieval Celta de Amor

247. POEMAS COMPLETOS DE
ALBERTO CAEIRO
Fernando Pessoa

248. MAIAKÓVSKI
Vida e Poesia

249. SONETOS
William Shakespeare

250. POESIA DE RICARDO REIS
Fernando Pessoa

251. PAPÉIS AVULSOS
Machado de Assis

252. CONTOS FLUMINENSES
Machado de Assis

253. O BOBO
Alexandre Herculano

254. A ORAÇÃO DA COROA
Demóstenes

255. O CASTELO
Franz Kafka

256. O TROVEJAR DO SILÊNCIO
Joel S. Goldsmith

257. ALICE NA CASA DOS ESPELHOS
Lewis Carrol

258. MISÉRIA DA FILOSOFIA
Karl Marx

259. JÚLIO CÉSAR
William Shakespeare

260. ANTÔNIO E CLEÓPATRA
William Shakespeare

261. FILOSOFIA DA ARTE
Huberto Rohden

262. A ALMA ENCANTADORA
DAS RUAS
João do Rio

263. A NORMALISTA
Adolfo Caminha

264. POLLYANNA
Eleanor H. Porter

265. AS PUPILAS DO SENHOR REITOR
Júlio Diniz

266. AS PRIMAVERAS
Casimiro de Abreu

267. FUNDAMENTOS DO DIREITO
Léon Duguit

268. DISCURSOS DE METAFÍSICA
G. W. Leibniz

269. SOCIOLOGIA E FILOSOFIA
Émile Durkheim

270. CANCIONEIRO
Fernando Pessoa

271. A DAMA DAS CAMÉLIAS
Alexandre Dumas (filho)

272. O DIVÓRCIO /
AS BASES DA FÉ /
E OUTROS TEXTOS
Rui Barbosa

273. POLLYANNA MOÇA
Eleanor H. Porter

274. O 18 BRUMÁRIO DE
LUÍS BONAPARTE
Karl Marx

275. TEATRO DE MACHADO DE ASSIS
Antologia

276. CARTAS PERSAS
Montesquieu

277. EM COMUNHÃO COM DEUS
Huberto Rohden

278. RAZÃO E SENSIBILIDADE
Jane Austen

279. CRÔNICAS SELECIONADAS
Machado de Assis

280. HISTÓRIAS DA MEIA-NOITE
Machado de Assis

281. CYRANO DE BERGERAC
Edmond Rostand

282. O MARAVILHOSO MÁGICO DE OZ
L. Frank Baum

283. TROCANDO OLHARES
Florbela Espanca

284. O PENSAMENTO FILOSÓFICO
DA ANTIGUIDADE
Huberto Rohden

285. FILOSOFIA CONTEMPORÂNEA
Huberto Rohden

286. O ESPÍRITO DA FILOSOFIA
ORIENTAL
Huberto Rohden

287. A PELE DO LOBO /
O BADEJO / O DOTE
Artur Azevedo

288. OS BRUZUNDANGAS
Lima Barreto

289. A PATA DA GAZELA
José de Alencar

290. O VALE DO TERROR
Sir Arthur Conan Doyle

291. O SIGNO DOS QUATRO
Sir Arthur Conan Doyle

292. AS MÁSCARAS DO DESTINO
Florbela Espanca

293. A CONFISSÃO DE LÚCIO
Mário de Sá-Carneiro

294. FALENAS
Machado de Assis

295. O URAGUAI /
A DECLAMAÇÃO TRÁGICA
Basílio da Gama

296. CRISÁLIDAS
Machado de Assis

297. AMERICANAS
Machado de Assis

298. A CARTEIRA DE MEU TIO
Joaquim Manuel de Macedo

299. CATECISMO DA FILOSOFIA
Huberto Rohden

300. APOLOGIA DE SÓCRATES
Platão (Edição bilingue)

301. RUMO À CONSCIÊNCIA CÓSMICA
Huberto Rohden

302. COSMOTERAPIA
Huberto Rohden

303. BODAS DE SANGUE
Federico García Lorca

304. DISCURSO DA SERVIDÃO
VOLUNTÁRIA
Étienne de La Boétie

305. CATEGORIAS
    Aristóteles
306. MANON LESCAUT
    Abade Prévost
307. TEOGONIA / TRABALHO E DIAS
    Hesíodo
308. AS VÍTIMAS-ALGOZES
    Joaquim Manuel de Macedo
309. PERSUASÃO
    Jane Austen
310. AGOSTINHO - Huberto Rohden
311. ROTEIRO CÓSMICO
    Huberto Rohden
312. A QUEDA DUM ANJO
    Camilo Castelo Branco
313. O CRISTO CÓSMICO E OS ESSÊNIOS - Huberto Rohden
314. METAFÍSICA DO CRISTIANISMO
    Huberto Rohden
315. REI ÉDIPO - Sófocles
316. LIVRO DOS PROVÉRBIOS
    Salomão
317. HISTÓRIAS DE HORROR
    Howard Phillips Lovecraft
318. O LADRÃO DE CASACA
    Maurice Leblanc
319. TIL
    José de Alencar

SÉRIE OURO
(Livros com mais de 400 p.)

1. LEVIATÃ
    Thomas Hobbes
2. A CIDADE ANTIGA
    Fustel de Coulanges
3. CRÍTICA DA RAZÃO PURA
    Immanuel Kant
4. CONFISSÕES
    Santo Agostinho
5. OS SERTÕES
    Euclides da Cunha
6. DICIONÁRIO FILOSÓFICO
    Voltaire
7. A DIVINA COMÉDIA
    Dante Alighieri
8. ÉTICA DEMONSTRADA À MANEIRA DOS GEÔMETRAS
    Baruch de Spinoza
9. DO ESPÍRITO DAS LEIS
    Montesquieu
10. O PRIMO BASÍLIO
    Eça de Queirós
11. O CRIME DO PADRE AMARO
    Eça de Queirós
12. CRIME E CASTIGO
    Dostoiévski
13. FAUSTO
    Goethe
14. O SUICÍDIO
    Émile Durkheim
15. ODISSEIA
    Homero
16. PARAÍSO PERDIDO
    John Milton
17. DRÁCULA
    Bram Stoker
18. ILÍADA
    Homero
19. AS AVENTURAS DE HUCKLEBERRY FINN
    Mark Twain
20. PAULO – O 13º APÓSTOLO
    Ernest Renan
21. ENEIDA
    Virgílio
22. PENSAMENTOS
    Blaise Pascal
23. A ORIGEM DAS ESPÉCIES
    Charles Darwin
24. VIDA DE JESUS
    Ernest Renan
25. MOBY DICK
    Herman Melville
26. OS IRMÃOS KARAMAZOVI
    Dostoiévski
27. O MORRO DOS VENTOS UIVANTES
    Emily Brontë
28. VINTE MIL LÉGUAS SUBMARINAS
    Júlio Verne
29. MADAME BOVARY
    Gustave Flaubert
30. O VERMELHO E O NEGRO
    Stendhal
31. OS TRABALHADORES DO MAR
    Victor Hugo
32. A VIDA DOS DOZE CÉSARES
    Suetônio
33. O MOÇO LOIRO
    Joaquim Manuel de Macedo
34. O IDIOTA
    Dostoiévski
35. PAULO DE TARSO
    Huberto Rohden
36. O PEREGRINO
    John Bunyan
37. AS PROFECIAS
    Nostradamus
38. NOVO TESTAMENTO
    Huberto Rohden
39. O CORCUNDA DE NOTRE DAME
    Victor Hugo
40. ARTE DE FURTAR
    Anônimo do século XVII
41. GERMINAL
    Emile Zola
42. FOLHAS DE RELVA
    Walt Whitman
43. BEN-HUR — UMA HISTÓRIA DOS TEMPOS DE CRISTO
    Lew Wallace
44. OS MAIAS
    Eça de Queirós
45. O LIVRO DA MITOLOGIA
    Thomas Bulfinch
46. OS TRÊS MOSQUETEIROS
    Alexandre Dumas
47. POESIA DE ÁLVARO DE CAMPOS
    Fernando Pessoa
48. JESUS NAZARENO
    Huberto Rohden
49. GRANDES ESPERANÇAS
    Charles Dickens
50. A EDUCAÇÃO SENTIMENTAL
    Gustave Flaubert
51. O CONDE DE MONTE CRISTO (VOLUME I)
    Alexandre Dumas
52. O CONDE DE MONTE CRISTO (VOLUME II)
    Alexandre Dumas
53. OS MISERÁVEIS (VOLUME I)
    Victor Hugo
54. OS MISERÁVEIS (VOLUME II)
    Victor Hugo
55. DOM QUIXOTE DE LA MANCHA (VOLUME I)
    Miguel de Cervantes
56. DOM QUIXOTE DE LA MANCHA (VOLUME II)
    Miguel de Cervantes
57. AS CONFISSÕES
    Jean-Jacques Rousseau
58. CONTOS ESCOLHIDOS
    Artur Azevedo
59. AS AVENTURAS DE ROBIN HOOD
    Howard Pyle
60. MANSFIELD PARK
    Jane Austen